공존지향

동기부여

공존지향 동기부여

1판 1쇄 발행 2025년 07월 10일

지은이 나운정 (羅雲庭)

교정 황윤   **편집** 유주은   **마케팅·지원** 이창민

펴낸곳 (주)하움출판사   **펴낸이** 문현광

이메일 haum1000@naver.com   **홈페이지** haum.kr
블로그 blog.naver.com/haum1000   **인스타그램** @haum1007

ISBN 979-11-7374-097-8(03300)

공존지향 동기부여

목차

Ⅷ 결론   166

I

서문

어떤 행위의 정당성을 판단하는 데 있어 공공이익을 위하여 개인의 이기심을 자제한다거나 자기 희생의식이 뚜렷하게 나타난 행위 등이 과거와 같이 크게 칭송받지 못하고 있는 시대에 우리는 살고 있다고 생각한다. 한편 인류는 1945년 2차 세계대전 종전 이후 근 1세기를 바라보면서 긴 세계대전 부존재 시대를 살아오고 있기도 하나, 이와 함께 여러가지 인류 생존에 위협이 되는 잠재적 또는 드러난 위험요인들을 인식하면서 살고 있다고도 생각한다. 이때 우리 인류에게 소속 국가나 민족, 지리적 환경 등을 떠나 전 지구적 규모의 생존을 위한 행동기준들을 의식하고 필요한 행동들을 해야 할 필요성이 커지고 있음을 말하고 싶다. 이러한 행동기준들은 예를 들면, 환경에 유해하기도 하거니와 미래 후세들의 생존을 위협할 수 있는 원자력 핵폐기물 관리강화, PCB[1]나 다이옥신[2] 등의 화학독극물 사용 및 제조금지나 대체물질로의 교체유도(강제), 플라스틱 쓰레기 처리 등과 관련한 행동논리일 수 있을 것으로 보인다. 그러나 우리 모두는 일상을 살아가는 데 있어서 각자 마다의 어려운 조건들이 존재하여 대의적 관점에서 행동을 취할 여유가 많이는 없을 것으로 생각한다. 그러나 극단적 상황만 아니라면 지구시민인 인류는 이러한 이슈들에 대하여 의식 정도는 하여야 할 이유는 충분하다고 생각한다. 다만 중요한 점은 왜 그러한 대의적 '공존지향적 가치'들을 인식하고 이를 실현하기 위해 필요한 행동준칙들을 준수하여야 하는가에 대한 자문 필요성일 수 있다고 생각한다.

　여기에서 윤리학에 대하여 잠시 언급하고자 한다. 통상 '윤리'라는 말의 뜻은 인간 심리에 내재화된 온당한 행위·행동 규범 또는 기준 등으로 이해된다. 윤리를 연구하는 학문으로서 윤리학은 순수 또는 응용학문 분과로 구분되고, 또 윤리철학과 같은 개념으로도 사용된다[3]고 설명된다. 한편 윤리학은 근대 이래 현대까지 다양한 입장이 주장 및 승계되고 있으나 서구 철학적 시각에서 크게 목적주의(Deontology)·공리주의(Utilitarianism)·직분주의[4](Virtue ethics) 등으로 학파가 구분되는 것으로 이해된다. 그러나 현대에 들어 공리주의자들이 목적론적 윤리개념의 필요성을 인정하고 있고, 직분주의 개념이나 요건 등도 일정 정도 수용되고 있는 듯하다. 이를 좀 더 언급하자면, 유럽에서는 당위성이라는 윤리개념과 관련하여 르네상스 시대, 계몽주의 시대에 이어 20세기 양차 세계대전 이후 기독교적 윤리개념인 '신의 명령'이라는 당위성 의식구조에서 점차 벗어나고 있는 것으로 보여진다. 대신에 20세기까지 빛나는 성공을 거두고 있었고, 21세기에도 그 여세가 오히려 더 강화되는 추세에 있는 것으로 판단되는 '과학'이나 '수학' 등 증명 및 반증 가능한 학문들로부터 연원한 인식 및 설명논리 등에 기초하여 인간 행위·행동의 정당성이나 당위성을 설명하려는 노력이 이어지고 있다고 보여진다. 이러한 배경 아래 19세기 중반부터 20세기 초 공리주의자로 간주되었던 J.S.밀과 시즈윅[5] 등이 칸트의 목적론적 윤리학 개념과 주로 영국에서부터 시작된 공리주의(결과중시 논리구조) 윤리개념들을 통합하려 시도하였다고 평가된다. 그리고 근래 20세기 후반 롤스[6]의 차별성과 공정·평등성 등을 내포한 윤리학 개념·논리가 제안되어 유관 법학이나 정책학분야 업무 종사자들이 현업에서 진지하게 검토·수용 중인 것으로 이해된다.

한편, 현대 경영학과 심리학 분야에서는 의식적 행동기제로서의 동기부여(Motivation)[7]와 관련된 이론들이 다수 제안되어 왔고, 또 현업에 활용되어 오고 있다고 보여진다. 해당 이론들은 엄격한 조건의 과학적 실험이나 검증 등을 거쳐 핵심적 동기부여 요인들을 비교적 순수하게 추출·분리하고, 이들을 현실에 적용시키고 있는 것으로 이해된다. 그리하여 주로는 실제 경영상의 조직성과 제고를 위한 관리기준 책자 등에 매우 빈번하게 활용되고 있다고 생각한다.

그런데 위와 같은 관련이론들 검토 및 역사상의 다양한 사례들에 대한 고찰 등을 통하여 윤리학 분야 중 응용윤리학과 동기부여 이론 논리들이 시대적 실천요구 명제라 판단되는 '공존지향성' 개념 고찰에 의미있는 통찰을 줄 수 있다고 생각된다. 즉 공존지향성 개념에 대한 이론적 기초를 윤리학상의 가치판단 논리와 심리학이나 경영학 내 인간 행동기제(Behavioral Mechanism) 논리 등과의 통합·융합을 통해서 구축 가능하다고 생각한다. 그리고 이러한 시도를 바탕으로 '공존지향성' 개념 발현을 위한 동기부여 구조가 윤리학적 논리로부터의 지지를 받아 인류 공존공영 및 지구환경 영속이라는 목표에까지 도달 가능할 것으로 생각된다.

여기에서 본 서 주장내용의 주요 논거로 제시되는 사실(史實)들에 대하여는 '승자의 기록' 내지는 '왜곡되고 날조된 내용'들이 다수를 차지한다라는 반론 제기도 가능함을 인정한다. 그런데 역사적 사건들에 대한 복수의 기록물이 존재한다면 비교연구를 통하여 역사기록물들에 대한 왜곡여지 사항들을 어느 정도 추출할 수 있고, 일정 정도는 교정도 가능하다고 생각한다. 관련 예로는 동양에서는 나관중의 삼국지연의와 진수의 정사삼국지, 그리고 서양문화권에서는 신약성서 내 다수의 복음서들이나 로마사 관련 기록물상의 예수의 일대기나 일화 등에 대한 비교검토 가능성 등을 들 수 있다고 생각한다.

　본 서에서는 역사상의 사례들로부터 인간의 행동과 의식에 영향을 주는 여러 동기부여 요인들 중 '실질적'으로 후대의 정치·문화·경제에 영향을 주고 있다고 이해되는 항목들을 먼저 파악하고자 한다. 고대 제국들 중 구체적 내용의 역사문헌들이 존재하는 유럽 로마제국이나, 중국 진나라·한나라 등의 제국 건설·유지를 추동(推動)하게 만든 제반 요인사항들이 거론될 수 있다고 본다. 그리고 군인들의 참전의식 등이 포함된 '직업적 동기부여' 개념 등을 이해하기 위한 다양한 의식·무의식적 영향요인 등도 거론될 필요가 있다고 생각한다. 먼저 서구 문화사를 중심으로 종교와 군사적·문화적 동기부여 요인구조들을 고찰하고, 이어 중국·일본 등 유교·한자문화권 내용들을 살펴본 후 별도의 장으로 우리나라의 역사를 추동한 중요한 동기부여 요인들을 검토하고자 한다. 그리고 인간의 동기부여 구조를 구성하는 또 다른 논거로서 영장류 등에 대한 동물행태학적 연구결과 및 관련 요인검토도 진행하고자 한다.

Ⅱ
서구의 동기부여 개념

　본 장에서는 먼저 서양의 철학 · 종교 · 문화전통 등을 개관하면서 현재의 우리에게 시사하는 동기부여 개념(논리구조)들을 살펴 보고자 한다. 현대의 정치 · 문화 · 사회 및 각종 과학 논리와 개념의 주요 출발지는 서구권으로 봐도 무방하다고 생각한다. 그리고 본 서의 주제 중 하나인 의식적 · 지속적 동기부여 개념들도 일정 정도 이상 서구에서부터 연구가 시작된 개념으로 판단된다. 그래서 우선은 서구권의 역사 등 사례를 통한 동기부여 내용들을 먼저 검토해봄이 온당해 보인다. 그러나 우리나라의 전통적 맥락에서 유교 · 한자문화권 내 동기부여 개념들이 많은 부분 우리에게 감정적 · 직접적으로 와닿는다고 이해된다. 그래서 서구권 관련내용들을 먼저 살핀 후 다음장에서 유교 · 한자문화권의 관련 논제들을 살펴보고자 한다.

1. 그리스시대

유럽 역사의 기산(起算) 시기는 대체로 그리스 도시국가 시대로부터 잡는 것이 온당해 보인다. 기원전 북중유럽(스칸디나비아 반도를 포함하여 현 독일·프랑스 등 유럽 북서부 및 영국지역 포함)에는 구전신화를 제외한 역사적 기록 등이 구체적으로 확인되지 않는 것으로 보인다. 즉 해당지역에서 신화시대를 벗어나 문명·문화적으로 유의미한 기록물이나 상당 수준의 고고학적 유물 등이 나타나지 않고 있다는 의미이다. 반면, 남유럽 지중해 권역에는 미케네 문명이나 크레타문명 등과 관련된 고고학 유물들이 18~19세기부터 본격 발굴되기 시작하였다. 그리하여 신화나 전설 속, 또는 후대문명인 그리스문자 형태의 기록물들을 통하여서만 추측되었던 해당 문명들의 존재가 실존하였음이 입증되었다. 그럼에도 본격적인 역사의 시작을 문자에 의한 관련 기록들이 존재하여야 한다고 정의내린다면 어쨌든 유럽문명(역사)의 시작은 그리스 도시국가시대로부터 잡아야 할 듯하다. 물론 그리스 도시문명은 현재의 튀르기에 영도내 피베글리 네페(Göbekli Tepe) 고대문명[8]이나 현재의 주로는 이라크 영토인 티그리스강 유역 비옥한 초승달 지역에서 발흥한 메소포타미아문명 및 이집트의 나일강문명 등의 영향으로부터 배태된 후빌문명이기는 하다. 그러나 그럼에도 당대의 가장 진전된, 그래서 어떤 점에서는 이후로는 로마제국과 그에 이어 콘스탄티노플을 수도로 한 동로마제국[9]이나 이탈리아 지역을 중심으로 한 르네상스 시기에도 각 해당시기보다 더 융성하였던 선진문명으로 간주되었음이 여러 기록 등을 통하여 드러난다. 덧붙여 이탈리아의 '르네상스'라는 단어의 의미 자체가 앞선 그리스·로마시대의 재현을 의미하는 것에서도 확인된다고 본다. 그리고 그리스의 수많은 조각·건축물 등의 문화유물이나 문자로 기록된 서책들은 이후의 중근동문화·문명 형성에도 큰 역할을 하였다. 해당지역에서는 기원후 아리스토텔레스의 논리학·철학·윤리학 등 저서들이나 유클리드 기하학을 설명하는 저술들의 출간이 계속 이어졌다. 그러므로 그리스문명은 인류문화사에 면연(綿延)히 지대하고도 강력한 영향을 주었음을 부인할 수 없다. 이는 19세기 말부터 서양문명과 문화를 계수한 우리나라의 문화와 일상생활에도 지금도 재현되고 있음도 언급하고자 한다.

여기에서 짚고 넘어가고 싶은 사실 하나는 기원전 7세기~기원전 3세기 당시 그리스지역에는 여러 도시국가들이 난립하고 있었고, 해당 도시국가들은 상호 간 경쟁과 갈등을 지속하면서도 인근 강대국이었던 아키메네스 페르시아제국(Achaemenid Persian Empire)[10] 등 외적들의 침공위협에 대하여 각종 합종연횡책(合從連橫策)들도 수시 활용되었던 상황들이다. 이런 사실(史實)을 먼저 전제한다면 고대 그리스 역사에 대한 이해에 도움이 될듯하다. 그리고 당시 대표적 도시국가라면 아테네와 스파르타 등을 꼽을 수 있겠는데, 특히 아테네에서 주로 발생되었던 문화 · 문명 수준은 현대에 회고해 보아도 괄목(刮目)할 만하다고 생각한다. 특히 플라톤과 아리스토텔레스의 정치철학이나 소크라테스의 치밀한 인식론 기초는 어떤 점에서는 서구문화의 원형 그 자체로 봐도 무방할 것으로도 보인다.

가 그리스인들의 국방 관련 동기부여 요인

여기에서 본 서의 주요 관심사 중 하나로서 국가의 존립기반인 국방 관련 동기부여 개념에 대하여 언급하고자 한다. 좀 더 특정하자면 국방을 담당하는 군인들의 지속적이고도 자발적인 동기부여 구조개념들을 당시 그리스인들 상황에 투영하여 어떤 시사점이 있을 수 있는지 알아보고자 한다. 마키아벨리는 그의 저서 '로마사논고[11]'에서 공화정의 장점 중 하나로서 국민들의 외국 침략에 대한 영토수호 의지가 다른 국가체제인 왕정이나 과두제 같은 정치 · 국가체제들에 비해 높을 수 있다라고 설파한 바 있다.

공화정과 민주정은 유사한 국가체제 형태로 간주할 수 있을 것인바, 아이러니하게도 플라톤은 그의 '국가론[12]'에서 민주정을 상당히 폄하한 바 있다. 이는 그의 생존 당시 그리스 아테네의 내부 정치체제인 민주정으로 인해 인접 경쟁·적대 국가인 스파르타보다 전쟁수행에 비효율성을 드러내는 등 국가의 존립구조가 상대적으로 강고하지 못하다고 판단하였기 때문이었던 것으로 이해된다. 물론 공화정이나 민주정의 약점은 다수 거론될 수 있다. 그러나 그렇다고 아테네가 스파르타에 일방적으로 패배하여 국가 자체가 소멸했던 것은 아니었으며, 오히려 유아시절부터 전사로서 양육·단련되었던 스파르타 군인들이 자국영토의 수호가 자신의 이익에 직결됨을 본능적으로 인식하고 전쟁에 임했던 아테네 군인들에 비해 전적으로 우위에 있지도 않았음을 역사는 역설적으로 지적한다고 이해된다. 즉 상당수의 사례들을 통하여 아테네가 전쟁 수행 시 스파르타를 압도했던 경우가 빈번하게 목격된다는 말이다. 여기에서 본 서의 관심사로 다시 돌아와 시대의 변천이나 위치한 지역마다의 전통과 문화가 상이하여 그 양상은 다양할 것이지만, 국가수호의 이유를 명령이나 강압으로서 수용하여야 하는 국가 소속 군인들보다는 말하지 않아도 국가의 이익이 자신의 이익 그 자체로서 인식되는 군인들의 임전 시 동기부여 형태나 기제(機制-Mechanism) 등은 그 차원이 더 입체적이고, 또 더욱 확고할 것임을 언급하게 된다. 역사에는 다양한 사례들이 등장하고, 성공하거나 실패한 내용들도 일률적이지 않음을 안다. 그럼에도 어떤 구조(構造)에 대한 요인분석적 시각으로 볼 때, 좀 더 원시적이고도 본능에 가까운 군인들의 임전의식과 다양한 직업에 종사하는 일반인들의 동기부여상의 업무수행 의식에 있어서 상당수 유사부분들이 발견 가능하다고 생각된다. 그래서 아테네의 당대 군사·문화·경제적 강성양상은 무엇보다 자신의 이익과 국가의 이익을 합치시키기에 용이한 민주공화적 국가정체가 그 이외의 정체보다 자발적·의식적 동기부여 구조형성에 더욱 우월했었던 것으로 이해됨을 일단 언급하게 된다.

　여기에서 소결론으로서 국가보위를 위해 무엇보다 중요한 점은 국방을 책임진 군인들의 강력한 자발적 동기부여 기제의 존재여부였을 것으로 판단된다. 즉 아테네 군인들이 소년시절부터 병영생활을 시작하여 평생 전쟁기계로 단련되었던 스파르타 군인들에 비해 실전 전투력이 결코 뒤지지 않았다는 사실에 주목하여야 한다는 의미이다. 아테네는 오히려 스파르타나 아키메네스 페르시아제국에 뒤지지 않았던 군사력을 활용하여 고대 그리스 도시국가들 중 사실상 맹주의 위치에 서 있었다고 판단된다. 그리하여 도시국가 아테네는 고대 터키지역 서부해안에 아테네 직할 이오니아 식민도시국가들을 건설하는 등 아키메데스 페르시아왕국에 대항하여 그리스 전체를 지켜낸 큰 역할을 담당하였다고 이해된다. 이는 스파르타와 같이 주로 외부(외압)적 기제에 의해 동기부여된 군인들에 비해 민주주의(그것도 순수한 직접민주주의) 정치체제(이하 '정체(政體)'로 약칭한다)를 가졌던 아테네 군인들은 소속국가의 거의 대부분의 운영방향을 결정할 수 있는 권리(권한)를 가졌기 때문에 국가 수호나 영토확장 전쟁 수행 시 능동적·자발적 동기부여 강도가 상대적으로 매우 컸을 것임을 시사한다고 보여진다. 이후 로마 공화정 시대로 접어들면 아테네의 직접 민주정에 비해서는 그 강도는 다소 약화되나, 그럼에도 로마가 상당기간 민주정체와 과두정체가 혼합된 민주공화정체를 유지하였음은 해당 혼합정체의 장점이 다른 그것들에 비해 컸음을 방증하다고 보아도 무방할 듯하다. 이어 로마에서는 갈리아지방을 정복하는 등 그야말로 혁혁한 공훈을 세웠던 국가영웅 시저의 전제왕정제로의 국가정체 변환시도에 큰 반발이 야기되어 그를 암살하는 상황도 벌어졌다. 덧붙여 시저의 암살자 중에는 시저의 의붓아들로서 시저가 어린 시절부터 국가의 지배자로 양성하면서 청년 고위인사로 입신중이었던 부르투스도 있었음은 주지의 사실이다.

[아리스토텔레스의 니코마코스 윤리학(Nicomacos Ethics) **요약]**

　참고로 여기에 아리스토텔레스의 윤리개념을 잠깐 소개하고자 한다. 아리스토텔레스는 주지하는 바대로 도시국가 아테네 학문의 완성자로 평가받는 철학자이다. 스승이었던 플라톤의 사상을 현실에 구현하는 데에 노력했다고도 평가받는다. 그는 또한 학문분야 단위인 학과 또는 학제(學際-Discipline)로서의 정치학 · 사회학 · 논리학 · 윤리학 · 생물학 등 학문분야들의 시조로서도 추앙받고 있다. 물론 2천5백여 년 전 활약했던 고대의 학자이므로 그의 원래 주장내용 논리나 제안사항들을 지금 정확하게 해석하기는 쉽지 않아 보인다. 그러나 유럽과 중동에 지대한 영향을 주었고, 이후 19세기부터는 전 세계적 규모의 영향력이 더 점증되고 있지 않나라고 판단된다. 그리하여 현 시대의 세계를 지배하는 서구문명과 서구문화의 특징을 규정짓는 기저개념 중 하나로 자리매김되었다고도 보여진다[13]. 즉 그의 논지(논리구조)는 고대의 고고학적 유물이 아닌 현대인들의 정신 및 실천과 동행 중임을 강조하고 싶다. 그리고 그는 또한 자발적 · 능동적 동기부여 개념의 한 기조를 이루었던 응용윤리학 분야의 논리들을 니코마코스 윤리학이라는 체계로 정리한 바 있다. 아래에 니코마코스 윤리학 요약내용을 참고로 간략히 소개하고자 한다.

[니코마코스 윤리학상의 윤리개념 요소]

1) **행복**(Eudaimonia): 윤리추구의 궁극적 목적은 '행복'으로서 일시적 감정이 아닌 충만하고도 만족스러운 일상을 의미한다. 행복 추구는 인생의 완성을 향한 궁극의 선이다.

2) **덕**(Virtue): 양호한 성격상의 개성이며, 이는 지적인 덕과 도덕적인 덕으로 나뉜다. 전자는 교육과 학습을 통하여 개선되나, 후자는 습관형성과 이의 실천으로 구현될 수 있다. 도덕적 덕의 예로는 용기, 절제, 정의를 들 수 있다.

3) **중용**(Golden Mean): 덕은 과소(寡少) 중 적절한 균형점이다.

4) **실천적 지혜**(Phrovesis): 도덕적 덕을 실상에 적용하는 역량을 의미한다.

5) **양호한 일상**(Good Life): 인간은 사회적 존재로서 타인과 평화롭게 지속적으로 일상을 영위함이 중요하다. 아리스토텔레스는 양호한 일상은 개인의 덕을 실천하는 동시에 공동선도 동시에 실현하는 양상을 구현한다고 언급하였다.

☞ 덕목으로서의 윤리개념은 본 서 내 동양의 자발적·능동적 동기부여 장에 소개될 공자의 윤리개념과도 흡사한 것으로 보여진다.

2. 로마시대

가 개요

로마시민들은 동로마(비잔티움)제국 시대까지 포함하여 2천여 년 유지된 강성국가[14]를 건설·발전시켰고, 또한 찬란한 문명과 문화를 현시(顯示)하여 후대에 큰 영향을 주었다. 그래서 지금도 현대 한국인을 포함한 후대의 전세계 인류 모두는 로마가 남긴 유산들을 향유하고 있다고 생각한다. 예를 들면 우선 법·경제활동에 있어서의 계약법 개념이라든지 각종 토목 건축상의 공법들을 들 수 있겠다. 이와 함께 군대 편제·전술 등에도 많은 영향을 주어 현대에도 군대 조직개념 내지 다양한 작전개념들의 기초를 형성하였고, 현재에도 군사작전 시 적지 않은 부분들이 원형에 가깝게 재현되고 있다고 생각한다. 사실 고대 로마라는 대국은 국가의 운영사례로서도 훌륭한 교훈을 많이 던져 주지만, 본 서의 주요 주제 중 하나인 국방담당 군인들에 대한 동기부여 기법 활용에도 탁월했었음을 먼저 언급하고 싶다. 로마의 일반시민들을 포함한 정치가들과 장군들은 전략적 안목을 가지고 로마군단을 조직하는 한편, 영토 확장·정복 전쟁을 수행하면서 군인들의 사기진작(동기부여) 요인들을 고민하였을 것임은 분명해 보인다. 그리고 이민족이라도 일정기간 로마의 군인으로서 복무하며 전공을 쌓는다면 로마시민권을 주어 노후생활을 걱정없이 보낼 수 있도록 제도를 기획하였던 것으로 보인다. 참고로 원칙적으로 로마 시민권자(시민권 보유자)들은 국가로부터 무상으로 빵을 제공받는다든지 토지를 우선 분배받기도 하면서 다양한 형태의 정치적 권리들을 행사할 수 있었다. 그리고 정복 전쟁 시 획득한 전리품들의 공평하고도 정당한 분배기준도 로마를 강력하고도 장기간 유지시키게 만든 한 요인이었을 것으로 판단된다. 또 한 가지 동기부여 요소를 언급한다면 소속 국가의 변경에서 근무하는 병사들이 영토확장 전쟁을 수행하면서 그들이 변방 이민족들에게 우월하고도 수준높은 문화를 전파하게 하여 일반 사병들이 자부심을 갖게 만드는 상황 조성도 한 요소로서 기능하였을 것으로 생각된다. 이러한 동기부여 구조환경 아래에서 로마 군병들은 선진문명의 전파자라는 소임을 의식·무의식적으로 수행했던 것으로 분석된다. 그리고 이러한 선진문명에 대한 동경을 복속된 이민족들이 갖게 만드는 동시에 이들을 대상으로 한 로마의 개방적 시민권 부여 정책기제 등은 그들을 로마문명에 자발적으로 편입시키게 만드는 강력한 동기부여 요인[15]이 되었을 것으로 판단된다. 이러한 동기부여 구조상 유효하고도 체계적인 제 요인들은 상호 연쇄반응(시너지 효과)을 일으켜 세계사에 비견할만한 대상이 별로 없는 거대강국이 지중해를 중심으로 장구한 세월 동안 존속하게 만들었고, 지금까지도 세계 각국의 사람들에게 지대한 영향을 미치고 있다고 생각한다.

콘스탄티누스 대제의 기독교 공인

서기 313년 콘스탄티누스 대제가 기독교를 공인하자 로마제국 시민들(지중해 인접 유럽 전지역 및 중부유럽, 일부 북부 유럽인들과 중근동 및 일부 북부 아프리카 거주인들)의 가치관과 내세관은 급속도로 기독교 교의에 귀의하게 되었다. 이에 따른 영향으로는 무엇보다도 유럽문명 내 기독교의 위상이 그리스 전통의 별칭인 '헬레니즘[16]'과 병렬되는 또 다른 양대 문화전통으로서의 '헤브라이즘[17]'의 영향력이 정식으로 정립되는 계기가 되었던 것으로 보여진다. 그리고 근현대 세계의 문화와 문명을 석권하게 되는 유럽인들의 내세관도 사실상 이로써 많은 내용이 결정지어졌다고 이해된다. 물론 북서부 유럽인들은 후술하는 종교개혁의 영향을 받아 원 가톨릭[18]이나 동방정교회 신봉자들과는 상당히 상이한 구원교리를 신봉하게 되었다고 이해된다. 이에 따라 당대 개신교도들은 가톨릭 신봉 유럽인들과는 상당히 상이한 동기부여 작동기제를 가지게 되었다고 보여진다. 그렇지만 일단 기독교 내 가톨릭과 개신교 및 동방정교회 등을 포함한 전 기독교인들은 사후 생전에 자신이 행했던 행위들을 평가받아 천국과 연옥 및 지옥에서 영원한 생을 지속하게 된다는 교리를 받아들이는 점은 상당 부분 동일하다고 이해된다. 그리고 기독교 신약성서에는 '최후의 심판[19]'이라는 미래사건이 예정되어 있기도 하다. 서기 313년 밀라노 칙령(기독교 공인) 후 서기 330년 콘스탄티누스 황제는 여러 국방 및 정치상의 이유와 함께 당시의 수도 로마보다는 기독교 성지에 더 근접해 있다는 이유도 있었을 것으로 추측되는 콘스탄티노플(현 튀르키예 이스탄불)로의 천도를 결행하였다. 이어 서기 391년 테오도시우스 1세 로마황제는 기독교를 로마의 유일한 국교로 선포한바, 그의 사후 서기 395년 결국 로마는 동로마와 서로마로 분열되게 된다. 이어 상당기간 경과 후인 서기 1054년 기독교는 로마 가톨릭과 동방정교회로 개별정립이 이루어지게 된다. 이즈음 및 그 이후 로마(제국)는 소속 군인들과 국민들의 전쟁과 직업종사와 관련한 종교적 동기부여 구조를 콘스탄티누스 황제의 기독교 국교화 이전과는 다른 형태로 형성시켰다고 판단된다.

다 **십자군 전쟁**(세계사 최초의 국제의용군 참전 사례)

1) 개요

  유럽에서의 십자군전쟁은 유럽 중세시대를 특정짓는 대사건들 중 하나로 판단된다. 여기에서 본 서의 관심 사항 중 하나를 환기시키고자 하는바, 군인들의 사기진작 요인들과 군인들을 포함한 역사시기별 직업종사자들이 자발적으로 성실하게 자기업무에 집중하게 하는 동기부여 요인들이다. 그런데 군인(참전시)들과 직업인(평화시)이라는 일반인들의 두 가지 임무수행 상황들이 십자군전쟁 참전기사 내지는 일반 사병들의 의식 내 선명하게 충돌하였음이 확인된다고 보여진다. 대체로는 부정적인 결말에 다다르기는 했지만, 9차례에 걸친 십자군들의 대규모 이국 전쟁터로의 참전 동기가 대체로는 직업적 군인들에게서 보여지는 약탈품 분배 등을 포함한 후한 보상과 엄격한 위계질서로부터라기보다는 자발적으로 내면화된 의식(물론 내세의 구원이라는 보상이 무엇보다 큰 의미를 가졌을 것으로 보여진다)과 동기부여 기제가 참전을 셜성하게 만드는 데 큰 비중을 차지하게 했다고 보여진다.

  약 3세기에 걸친 십자군의 성지회복 전쟁(공세)에 대하여 후세 사가들은 목적의 변질(예를 들면 순수한 성지 회복보다는 식민지 영토개척 및 정복지에서의 전리품 약탈 등)과 이교도에 대한 야만적 학살, 그리고 대부분 지리멸렬한 채 유럽으로 회군한 결말 및 로마교황의 권위추락 등의 이유를 들면서 대체로 부정적인 평가를 내렸다. 그러나 자국의 명운이 달린 전쟁이 아닌, 즉 당장 본인을 포함한 가족들의 생사여탈이 달린 공포가 개재되지 않은 이역만리 국제전으로의 의용참전군이라는 유형의 군사조직은 세계사적으로 희귀하다고 판단된다. 더욱이 지금 언급되는 십자군은 그러한 참전유형 중에서도 자발적 참전사례로서 사실상 세계사에 최초로 등장하는 예로 보여 분석의 의의가 매우 크다고 보여진다. 물론 마키아벨리는 그의 '로마사논고[20]'에서 공화국 정체에서는 국민들의 자발적인 전쟁참여 의지가 강하여 다른 정체에 비하여 '영토 안으로 들어갈수록 전쟁에서 이기기 힘들다'라고 전제하면서 한니발의 로마침공 사례 등을 들었다. 즉 자국 영토 내 전쟁 발발(勃發) 시에는 소위 '애국심'이라는 동기부여 요소가 군주제나 다른 국가정체에 비하여 국민들의 정치참여가 더 개방되어 있고, 개인 소유권이 잘 보장되는 정체(예를 들어 민주정 및 이와 유사한 형태의 공화정) 하에서는 좀 더 잘 발현될 수 있음을 이해할 수 있다. 이러한 관점에서라면 십자군의 참전동기 및 군사작전 수행 동기부여 양상은 순수하고도 강력하기 그지없었을 것으로 보여진다. 그런데 대부분 전쟁의 전개양상이 그렇듯이 '보급'으로 통칭되는 즉 참전 군인이 전투에만 집중하게 하는 동기부여 요인의 중요성을 언급하게 됨에도, 많은 사료들은 자신들의 돈을 써가면서 전혀 연고가 없는 이민족 전장터로 참전하는 기사집단들을 묘사하고 있다. 이는 다시 말해, 충분하거나 최소한의 보급도 보장되지 못한, 한마디로 '기본'도 안 되어 있는 전쟁 참여 및 작전수행이었다는 의미이다. 그래서 후술하게도 되지만, 종교가 직업종사 태도와 의식에 미친 지대한 영향은 사실상 최초의 국제 의용참전군으로서의 십자군에게 매우 컸을 것임을 이해하게 된다. 즉 대체적인 실패 사례로서 평가받는 십자군 참전사례는 우리에게 군사적 동기부여 요인들과 종교관에 의지한 동기부여 기제의 한 통합사례로서 주목할 만하다고 생각한다.

2) 유사사례

전쟁 참전의 이유가 현실적인 보상보다는 그 너머의 보상이 불확실한 구원이나 사명이기는 하지만, 좀 더 큰 규모의 일종의 '정신적 보상'에 두어진 사례는 위 십자군 전쟁 이후로도 세계사에 간헐적으로 목격된다고 생각한다.

가) 라파예트 장군의 미국 독립전쟁 참전

위 십자군 사례와 의미나 전개양상이 결코 동일하지는 않지만, 그럼에도 이타적·자발적 동기부여 유사사례로 프랑스 시민혁명기에 등장했던 라파예트 장군을 이야기하고 싶다. 라파예트 장군의 인생역정을 보건대 그는 프랑스 시민혁명 당시 근왕파와 시민군파 사이에서 중립적 역할을 지속하다가 결국에는 양측으로부터 버림받았다. 그럼에도 이와같은 상황들이 결국에는 그의 목숨을 구하게 되고, 말년에는 미국과 프랑스 민중들로부터 추앙받게 된다.

여기에서 프랑스 시민혁명 직전 미국 독립전쟁이 발발된 직후로 돌아가 보고자 한다. 당시 20대 약관이었던 라파예트 장군은 프랑스 귀족인 후작의 칭호를 받던 신분이었음에도 혈혈단신 미국으로 건너가 미국 건국의 국부이자 초대 대통령이 되는 워싱턴 장군과 함께 당대 최강국 영국군을 상대로 혁혁한 전공을 거두었다. 그리고 그는 프랑스이 군사적 지원까지 설득하여 최후의 승리를 획득하게 하는 한 영웅으로서의 위업을 달성하였다. 그의 미국 독립전쟁 참전 당시 프랑스 청년들 사이에는 라파예트 장군과 같이 현실적인 대가가 없음에도 타국 시민지 독립전쟁에 자발직으로 참전하려는 의식이 번졌고, 이를 국가에서 지원하게 되는 양상으로까지 발전하게 되었다. 물론 프랑스가 당대 라이벌 국가였던 영국에 대한 견제의 의도로서 미국 독립군에게 군사상 원조를 시행하였다고 분석함이 더 온당해 보이기는 하다. 그럼에도 영국의 위세를 감안할 때 결코 쉽지 않은 결정이었을 것으로 판단된다. 이후 영국 식민지 내 유사한 독립사례가 거의 재현되지 못했던 점을 감안한다면, 미국이 영국 정규군에 맞서 승리할 수 있었던 위업은 기적과도 같았다고 평가된다. 열악한 보급과 군인들의 군사적 역량도 대단치 않았다고 평가되는 당시 미국 독립군의 실제상황은 사실상 우리나라의 사례를 대입하건대 임진왜란이나 구한말 의병 정도의 조직화 내지는 군율이 엄격하지 않았던 아마추어 민병대 수준이었을 것으로 이해된다. 그러나 시간이 지날수록 이러한 열세를 딛고 세계사적 기적을 창출하였음에 경이롭다고 평가할 수 밖에 없다고 생각한다.

이에 더해 라파예트 장군의 미국독립운동 의용참전 시도의 중요성은 자발적·이타적 및 일종의 공존지향적 동기부여 참전사례 중 사실상 최초의 성공적인 결과 거양에 두어진다고 생각된다. 국가의 강제가 없는 타국 전쟁에 참여함에 십자군 전쟁에서 보여지듯 종교적 자발성은 거의 없고, 대신 오로지 계몽주의적 정의·가치 구현이라는 명분의 발로였다고 평가된다.

이후 라파예트 장군은 프랑스에 귀국하게 되는데, 당시 프랑스 국내에서의 그의 위용이나 추앙 강도는 영국 청교도 혁명 당시 크롬웰 호국경이나 후일 등장하는 나폴레옹과도 비견될 만하였던 것으로 평가된다. 그럼에도 그는 나폴레옹처럼 쿠데타 시도나 왕조 창업을 시도하지도 않은 채 명망상의 순수가치를 추구하였다고 보여진다. 그런데 여기에서 세계사적 미스터리라고까지 지칭되는 프랑스 시민혁명 이후 루이16세의 우유부단한 행태들이 등장하게 된다. 당시 라파예트 장군은 혁명 이후 최고위 집정관[21]으로서 시민파와 근왕파 사이에서 공정하게 국가 위기상황을 수습하려 노력하였다. 그리고 그는 수많은 왕실의 위기상황들을 실제 수차례 막아내기도 하였으나, 루이16세나 그의 왕비 마리 앙투아네트의 오해로 인해 그의 충정(衷情)[22]이 수없이 거부당했던 일화들은 유명하다. 루이16세의 단두대 처형은 대부분 그의 이해할 수 없는 상황대처와 오판들이 쌓여진 결과 점점 그 위험도(가능성)를 높였다 해도 과언이 아닐 것으로 보여진다. 이와 같이 비극적 결말로 치닫는 와중에 라파예트 장군은 근왕파와 혁명시민파 양측 모두로부터 냉대와 살해의 위협에 놓이게 되었다. 그럼에도 왕정과 민주공화정의 중립에 서려, 즉 입헌군주제를 실현하려 노력했던 그의 충정(衷情)은 근대 계몽주의 정신을 역사의 한가운데에 구현하려 했던 세계정신[23] 실천의 한 상징으로서 프랑스역사는 물론 세계사에 뚜렷하게 기록되었다고 판단하고자 한다.

라파예트(Gilbert du Motier Marquis de Lafayette) 장군(후작)[24]

나) 스페인 내전[25] 당시 지발적인 공화국파 참전지원

'누구를 위하여 종은 울리나'나 '무기여 질있거라'를 쓴 헤밍웨이가 종군기자로서 전장(戰場) 상황을 기록했던 20세기 초 스페인 내전도 관련 이타적 참전양상들을 언급할 때 상당히 유명한 사례 중 하나일 것으로 생각한다. 1936년 2월 당시 스페인에는 좌익정부가 총선 승리 이후 토지개혁을 추진하고 있었다. 이에 위기를 느낀 우익세력들은 '국민파'로 집결하여 1936년 7월 프랑코 장군을 위시한 스페인 군부가 집권당을 상대로 한 정부전복 군사작전을 개시하였다. 이때를 일반적으로 스페인 내전의 시작으로 본다. 집권 공화국파는 이를 저지하려 하였고, 이때 세계 각지에서 상당수의 지원자들이 자발적으로 공화국파 소속 사병으로서 참전하였다. 이들

지원군들을 정치적으로 분류하자면 순수한 민주공화주의자는 물론, 무정부주의자, 사회주의자, 노동운동가 등 다양하였다고 기록되어 있다. 국제정치적으로는 파시즘이 득세 중이던 히틀러 집권 독일과 무솔리니 집권 이탈리아가 우익 왕당파를 지지하면서 지원을 아끼지 않았다. 프랑스는 중립적 자세를 견지하여 사실상 프랑코를 지지하였던 셈으로 보였으나, 나중에 공화국파 군대를 지원했다고 확인된다. 그러나 이때는 이미 전세가 프랑코 측 우익 왕당파에 넘어간 뒤였다. 그리고 당시 국가단위에서 공화국파를 지원했던 국가 중에는 프랑스와 함께 소련도 있었다고 한다. 이러한 사실들을 통해서도 당시 스페인 공화국파에는 다양한 정치적 성향들의 활동가들이 혼재해 있었음이 드러난다 할 것이다.

여기에서 스페인 내전 당시 공화국파의 패인을 언급하고자 한다. 사실 공화국파 국제 의용군인들의 참전 동기부여 내용 자체를 일의적으로 정의 내리기에는 애매한 점들이 상당하다고 판단된다. 그러나 지금도 그렇지만 당시 흔하지 않았던 타국에로의 자발적 참전열정(이타적 동기부여)에 우선 주목하게 된다. 즉 내재화된 개인희생에 대한 일종의 정신적 보상논리 확신(예를 들면 한국전쟁 당시 학도의용군들의 조국수호를 위한 산화결의)은 분명했던 것으로 보이지만, 공화국파 국제 의용군인들이 한 집단으로서 정연하고도 효과적인 군사작전 수행이 가능했을지는 상당히 의심스러워 보인다. 즉 그들 국제 의용군인들은 다양한 정치적 분포양상과 각 정치 성향상의 행동논리마다의 복잡성을 보여줬던 것으로 분석된다. 그럼에도 무엇보다 먼저 눈에 띄는 점은 군사적 역량의 부재, 즉 일반 국제 의용참전자들의 일반군인으로서의 덕목(Virture) 내지는 역량이 부족하였다는 점과 개인무기 사용법 숙지나 지휘부로부터 시달된 군사작전 이해 능력 및 작전 참여시 실수없이 역할을 수행할 수 있는 의지나 개인적 판단역량 등을 거론할 수 있겠다. 그리고 군인집단으로서의 공화국파 군대 자체의 전략전술 구사 등의 작전 수행

역량 부족, 즉 지휘부의 작전수립·집행 및 보급선 유지 등에서의 심각한 무능 현시 등을 언급하게 된다. 더군다나 정치적 분포성향에 있어 프랑코 주도의 왕당파는 전통적 지배계층의 이해관계를 통일하기에 어려움이 많지 않았겠지만, 공화국파 내부의 정치적 다양성은 도저히 일사불란(一絲不亂)한 하나의 군사작전을 위한 단일체를 구성하는 데 어려움이 있었을 것으로 보인다. 이는 결국 공화국파의 현저한 전투력 약화로 이어져 공화국파의 내전 패배와 함께 스페인은 프랑코 총통(장군) 사망 시까지 40년 가까운 기간 동안 군부독재 체제 하에 놓이게 된다. 이후 스페인에서 민주주의가 다시 숨을 쉬기까지는 장기간이 소요된다.

여기에서 스페인 내전 당시 공화국파와 미국 독립전쟁 당시 식민지군(미국 독립군)을 비교하건대 우선은 진영 내 구성원들의 의식, 즉 참전해서 승리해야만 하는 일종의 목표에 대한 동기부여 양상이 어떠했는지 검토할 필요성을 언급하게 된다. 먼저 국제의용 참전자들은 기존 공화국파 정규군인들과의 불협화음이 상당하였다 하고, 참전자들 사이에서도 상이한 정치성향에 따라 갈등·불화·반목상황 등이 내부으로서 현시되었다 한다. 단적으로 상이한 인간 정치의식의 연합가능성을 확인하기 위한 일종의 실험실 상태였다고도 보여진다. 반면에 미국독립군들은 일단의 프랑스 의용참전자들을 제외한다면 목표의식도 동일했고, 독립된 이후의 국가체제 구성에 대한 의견에 일부 차이는 있을 수 있었겠지만, 군대의 작전방향이나 군사적 목표설정에는 일절 영향을 주지 않았다고 보여진다. 즉 군대 기초조직부터 큰 차이를 보인 것이라고 판단할 수 있겠다. 그리고 보급 양상에 있어서는 스페인 공화국파 의용군이나 미국 독립군 모두 대체적으로 열악한 상태였을 것으로 보인다. 그런데 양 군대의 성패양상은 라파예트 장군이나 워싱턴 장군과 같은 탁월한 지휘관의 역할이 얼마나 중요한지도 알 수 있게 해준다고 생각한다. 이 점 임진왜란 당시 이순신 장군이라는 한 위대한 지휘관의 존재에 따른 조선수군 무패의 기적은 이와 대비되는 원균 등 지휘관 휘하의 패전사례들과도 비교하게 된다. 전쟁에 임하여 군사적 승리에 가장 적합한 전략전술을 개발·기획하고 이를 가장 효율적으로 참전군인들이 작전을 수행하게 만드는 탁월한 지휘관의 존재는 전쟁승리의 많은 비중을 차지함은 상식일 것으로 판단된다. 여기에서 이순신 장군의 위대성을 다시 한번 언급하게 되는바, 실상 400여 년이 지난 지금에도 충무공의 천재적이고도 창의적인 해전에서의 전략·전술은 이를 회고하는 후세인들을 다시 한번 경탄하게 만든다.

천변만화하는 전장의 상황을 순식간에 통찰하여 이에 가장 부합되게 작전계획을 변경하거나 유지하면서 부대조직과 전선(戰線) 양상을 자유롭고 원활하게 구동시켜 연전연승을 거둔 역사상의 제 장군[26]들의 역량은 세계 전쟁사 연구가들에 의해 지속적으로 연구되고 있다. 그래서 미국독립전쟁 당시 워싱턴·라파예트 두 지휘관들의 존재는 대비되는, 스페인 내전 당시 공화국파 내 걸출한 군대 지휘관의 부존재 상황과 대비됨에 일정 정도 아쉬움을 남긴다고 평가하게 된다.

소결로서 참전 군인들의 동기부여 성향과 관련하여 스페인 공화국파 국제 의용참전군인들의 자발적 의지는 매우 고양되어 있었을 것으로 생각한다. 그리고 동 군인들은 공존지향성이라는 기준으로 판단할 때에도 라파예트 장군의 동기부여 유형과도 상당부분 일치하는 것으로 보여진다. 그러나 군인들의 자발적 동기부여 성향과는 별도로 탁월한 군사지휘관은 다른 차원에서 참전군인들이 군사작전에 몰입하도록, 즉 애초에는 일종의 외부적 요인이었을 것이나, 결국에는 군인들의 내부로 수용되게 만들어 동기부여 의식을 제고시키는 역량을 발휘할 수 있을 것으로 생각한다. 이와 관련하여 월남전 당시 채명신 사령관의 지휘사례가 떠오른다.

다) 6.25 한국전쟁 당시 UN회원국들의 국제적 참전사례

2차 세계대전 직후 세계는 자본주의와 공산주의라는 양대 진영이 동서 이데올로기 대립 속에서 점증되는 갈등의 와중에 있었다고 판단된다. 이런 점에서 1950년 6.25 한국전쟁은 1949년 끝난 중국 내전 등에 이어 동서 양 진영 간 경계정립을 위한 군사적 충돌이었다는 데에 우선적 의미가 두어진다고 생각한다. 그런데 본 서의 관심사안에 초점을 둔다면, 미국, 영국, 프랑스, 중국 등의 UN 상임이사국들의 참전명분이야 그렇다 쳐도, 나머지 12개 남한 지지 참전국들에게는 실질적인 금전적 · 영토적 이익은 거의 없다시피 하였다고 보인다. 이에는 인류애(휴머니즘-Humanism)라는 추상적이고도 대의명분적인 인본주의와 자유수호 정신[27]이 큰 역할을 하였다고 판단된다. 한국전쟁 이후에도 수많은 지구 내 지역분쟁(전쟁)이 있었고, 이때마다 UN이 다수의 군사개입을 반복하였음은 사실이다. 그러나 이때는 1956년 UNEF[28](UN Emergency Forces; UN 긴급군대)가 결성되어 수에즈운하 격돌위기를 최초의 군사작전사례로서 참전한 이전이었다. 그러니까 세계 내 지역분쟁에 다수의 UN 회원국들이 다수의 자국 병력들을 각자 능력껏 또는 인간애에 기반한 공존의지를 보여주면서 파병한 사례는 한국전쟁이 거의 유일무이했던 것으로 보인다. 그러나 이러한 다수국 침진의 계기로서의 정식 UN기구 활동은 드러나지 않고[29], 대신 UN안전보장이사회의 결의가 다국적 집단군 결성의 계기가 되었던 것으로 나타난다[30]. 당시 UN 회원국 파병군들은 중세 십자군처럼 국가나 봉건영주령 내 일종의 국가 단위의 정규군 형식으로 개별 참전한 점이 유사하나, 수차례 원정 대부분의 경우 군기가 파괴되어 지리멸렬해졌던 십자군의 그것과는 달리 종전 시까지 특별히 눈에 띄는 약탈이나 민간인 피해사례가 보고되지는 않았던 것으로 보인다. 즉 휴머니즘(인류애 의식) 또는 어쩌면 세계시민주의 정신이라는 공통의식 아래에 많은 국가들이 십자군 원정사례 빼고는 사실상 최초의 영토확보 목적이 아닌 국제적 참전을 시도한 것으로 이해된다.

　한국전쟁 이후로도 미국 등이 주도하여 이라크의 쿠웨이트 침공 격퇴전쟁 시 다국적군이 결성되어 전투를 치른 바 있다. 즉 국가 간 분쟁에 다수 국가가 참전한 사례들이 간헐적으로 등장하기는 하였다는 의미이다. 그럼에도 한국전쟁의 경우처럼 국가이익이 전무하거나 극도로 자제된 다수의 국제 집단군 참전사례는 거의 발견되지 않는다고 판단된다[31]. 물론 필자의 주장내용에 대하여 미국 내지는 자본주의 진영의 공산권에 대한 첨단경계 유지 또는 2차 세계대전 승전국인 미국과 소련 및 중국의 세력균형을 정립한다는 의미가 더 강했으므로 사실상 세 나라의 세력경계 결정전이라는 반론이 가능함을 인정한다. 그리고 영연방국가나 유럽지역 국가들이야 참전에 여유 내지는 미국과의 국익 연결성 등에 있어 그 영향이 상당했다고 평가될 수 있을 것이다. 그럼에도 에티오피아, 튀르키예, 콜롬비아 등의 국가들은 전투부대를 파병함에 있어 UN 결의나 미국을 비롯한 강대국들의 의사에 크게 기속될 이유는 없었을 것으로 보인다. 그런데 이들 국가들이 자국 내 여유도 많지 않았던 상황에서 자국 전투부대 군인들을 전장에 투입시켜 희생시켰던 사례는 직접적인 국익수호라는 국가 단위의 참전목표가 부재한 순수가치 지향에 부합된다고 봐도 무방할 듯하다. 자발적 국제전 참전으로서 위 몇 가지 사례를 들기는 했고, 어떻게 보면 수차례의 십자군 원정전쟁이 명목상으로 국가 단위의 영토 수호나 정복전쟁의 목적이 아닌 종교적·추상적 목적달성을 위한 최초의 국제전쟁 사례로 보인다. 그러나 십자군 전쟁은 이후 영토확보 내지는 약탈전쟁의 양상을 띠면서 변질 내지는 타락하고 말았음이 각종 사료를 통하여 상세히 분석되어져 있다[32]. 그래서 국가단위의 국제전 중 지향목표의 추상성에도 불구하고 1953년 정전협정 체결 시까지 온전히 원래의 참전목적을 유지하였던 점에서 6.25 한국전쟁 국제참전국 사례야말로 세계사적으로 영토침략이나 약탈이 존재하지 않았던 유일무이한 사례일 수도 있다고 생각한다. 그러나 다시 말하지만 이 논제에 대하여 이의제기 논란이 있을 수 있음은 인정한다. 다만 여기에 서는 필자의 주장에 대한 논증의 일환으로서 순수목적의 참전국들로부터 미국 · 영국 등의 자본주의 진영 UN 상임이사국은 제외하고자 한다. 이어 영연방 국가들 즉, 호주, 뉴질랜드, 캐나다 및 나중에 영연방에서 탈퇴하기 는 하나, 당시에는 그 일원국가였던 남아프리카공화국 등도 제외하고자 한 다. 이들 국가들은 2차 세계대전 승전국 중 영국의 세계관리 전략상 공동 운명체로서의 자국의 위치를 부인하지 않았다는 점에서 국익 수호차원의 참전으로 간주하고자 한다. 다음으로 영연방국가는 아니지만 벨기에나 네 덜란드, 그리스 등은 비록 자국사정이 2차 세계대전의 후유증으로 녹록지 는 않았으나, 미군이 당시 유럽에 다수 주둔하고 있던 상황에서 미국의 정 치적 영향력으로부터 자유롭지 않았다고 판단된다.

이어 아시아 지역 태국과 필리핀을 국익차원의 참전사례로 분류하는 데 에는 양국 모두 당시 미군이 주둔하고 있으면서 미국의 영향력이 매우 컸 음을 언급하게 된다. 특히, 필리핀은 역사적 관점에서 보거나 경제적 협력 강도에서 보거나 당시 아시아의 어느 나라보다 미국과의 관계긴밀성이 강 력하였다는 점 등에서 한국전쟁 참전이 국익수호 목적의 발로로 간주하게 됨을 확인하고자 한다.

한편, 여기에서 한국전쟁 당시 파병국 중 하나였던 태국에 대한 언급을 조금 추가하고자 한다. 태국은 근대 이후 세계사를 보건대 경이로운 국가 주권 수호 사례로 이해된다. 왜냐하면 주지하다시피 태국은 현 왕조 집권 이후 이웃국가인 버마, 베트남, 인도네시아, 말레이시아 등은 물론 우리나 라의 경우와 비교해 봐도 18세기~20세기를 관통하는 시기에 주권을 온전 히 보존했기 때문이다. 엄혹했던 식민제국주의 득세시기에도 일종의 후진국 내지는 피침략대상 약소국이었으나 온전히 국가체제를 유지한, 즉 비식민지화에 성공한 유일한 나라로 판단된다. 그 성공적 국가체제의 유지 이면에는 왕조를 위시한 국가상층부의 명민하고도 신중한 국제정세 파악과 기민한 외교적·군사적 결단과 상응하는 조치가 동반되었다고 판단된다. 그런데 영국의 버마 식민지화 기간이나 2차 세계대전 중 일본의 남아시아지역 식민지화 공세 중 태국왕실과 권력층은 적절하게 중립국 입장을 견지하면서 공세국가(식민지 확보를 위하여 무력으로 타 약소국을 무단 침략하는 제국주의 국가)에의 협력과 함께, 그러나 어떤 경우에도 국가주권 유지라는 요구사항을 관철시켰다. 당시 태국의 주권수호 요구를 공세국가들로부터 용인을 받아내기가 얼마나 어려운지는 당시 세계사가 증명한다고 생각한다. 여기에서 한국전쟁 당시로 다시 돌아온다면, 2차 세계대전 직후 세계의 양대권역 강대국 중 하나인 미국과의 협력과 우호관계 유지가 국익을 넘어 과거의 역사를 보건데 국가독립(주권) 유지에 필수적이라는 역시 반복되지만 '명민한 국제정세 판단과 기민한 외교·군사 전략'의 일환으로서 한반도 전선으로의 전투부대 파병이라는 결과가 도출되었던 것으로 분석하고자 한다.

이어 중남미 파병국가를 보건대 당시 유일한 전투부대 파병국가는 콜롬비아였다. 지금이야 콜롬비아는 미국으로의 코카인 등의 마약공급국 중 하나인바, 국가 내 마약갱단의 영향력이 전반적으로 넓게 퍼져있어 정상적인 국가인지 여부조차 애매한 것으로도 보여진다. 그러나 사실 콜롬비아는 19세기 중남미 제 국가들이 스페인과 포루투갈로부터 속속 독립할 당시 이상주의자이자 남아메리카 대륙의 영웅이었던 볼리바르에 의해 독립된 국가들 중 하나로서 문화성향이 이상주의적이었고, 사실 지금도 그 관성이 일정정도 유지되고 있는 것으로도 보인다. 바로 이러한 이상지향성이 중남미 다수 국가 중 유일하게 '인간 자유의 수호'라는 명분 하에 굳이 미국의 눈치를 보지않아도 되었던 상황 하에서 자국 군인들을 전선에 투입시켰던 것으로 이해하고자 한다. 이와같이 콜롬비아가 이상주의에 입각하여 파병하였다는 해석은 재언급하지만 남아메리카 인접국가 그 어디에서도 의료진 파견 등의 파병 유사사례나 국가적 논의사례 자체가 전무하였음이 이를 증명한다고 생각한다.

다음으로는 튀르키예인데, 2차 세계대전 이후 미국의 영향력은 공산권 국가들을 제외하고는 세계 전반적으로 강력한 상황이었으므로 이의 영향으로도 이해될 수 있다. 그런데 튀르키예의 당시 상황이나 참전이유 등은 여타 한국전 참전국가들과는 또 다름을 일단 언급하고자 한다. 우선 튀르키예의 세계사적 위상을 언급하고자 하는바, 동로마제국³³⁾ 붕괴(멸망) 이후 600여 년이 경과하는 와중에 동 국가는 오스만투르크제국이라는 국호로 불리우면서 유럽제국들의 위구심(危懼心)을 수백년간 야기시켰을 정도의 강국이었음은 주지의 사실이라고 생각한다. 그리고 한국전쟁 참전국 중 유일한 이슬람국가이도 하다. 물론 튀르키예는 여러 정통 이슬람국가와는 달리 일종의 세속성을 관대하게 수용하는 전통이 유지되는 것으로 이해되기는 하다. 그리고 튀르키예는 제1차 세계대전 당시 독일편에 섰다가 패전국이 된 이후 급격하게 국세가 약화되었음도 사실이다. 이후 근현대 튀르키예의 국부인 아타튀르크가 가급적 국제적 중립을 지향하도록 국가외교정책을 유지하게 하여 다행히 2차 세계대전 종전 직전 의례적인 연합국 참전을 선언할 수 있었다. 이로써 UN 초기 중견 가입국가로서 상임이사국 지위에는 못미치나 나름의 국제정치상의 발언권을 보유할 수 있었던 것으로 보인다. 여기에서 한국전쟁 참전과 관련한 튀르키예의 입장은 근대 아타튀르크 국부의 국가운영 지침에 의거한 것으로 이해된다. 즉, 중립국 지위를 유지한 채. 가급적 오스만투르크제국 때와 같은 인접국가에의 복속·점령 목적의 침략을 자제하고, 국제적 정의나 이상을 공동추구한다는 지침이 기능하였을 것으로 판단된다. 그래서 튀르키예는 조금은 미국의 눈치를 보기는 했겠지만, 여타의 다른 이슬람국가와는 다르게 많은 부분 '인류공통의 이상추구'라는 순수한 관점에서 한국전 참전이 결정되었던 것으로 해석함이 좀 더 온당해 보인다고 생각한다.

마지막으로는 아프리카에서 유일하게 전투부대를 파견했고, 또 그 용맹함을 인정받았던 에티오피아에 대하여 언급하고자 한다. 사실 에티오피아는 2차 세계대전 당시 이탈리아의 침략을 받았던 경험이 우리나라로서는 동병상련의 정을 불러일으키게 하는 나라이기도 하다. 그럼에도 동 국가는 나름의 찬란한 고대로부터 문명을 구축(構築)하고 현대까지 독자적 문화를 유지하고 있다. 즉 우리나라와 같이 자국의 역사 및 고유의 전통에 자부심이 강한 나라로 볼 수 있다. 그런데 그럼에도 모든 아프리카국가가 다 그런 것은 아니었지만 대부분 자국민들에 대한 최소한의 복지도 제공하지 못했을 것으로 볼 수 있는 1950년에 우리나라에 전투부대를 파병한다라는 기적과도 같은 사안을 현실에 구현했다는 점은 경이(驚異) 그 자체라고 생각한다.

기록상으로는 참전군은 당시 국가 지도자였던 셀라시에 황제의 근위대 중심으로 구성되어 상당한 전공을 거양하였다고 한다. 후일 1974년경 살라시에 황제는 맹기스투 공산정권에 의해 실각되고 살해당했다[34]. 여기에서 에티오피아의 파병결정은 거의 온전히 세라시에 황제의 개인적인 판단에 근거하였던 것으로 보인다. 이는 그의 현실적인 국가이익을 고려하지 않은 이상적 가치추구의 결과로 이해된다. 에티오피아는 초기 기독교의 일파였던 꼽트교 소속 에티오피아 정교회[35]를 국민 대부분이 신봉하는 나라인바, 세라시에 황제의 언급에 따르면 한국전쟁 파병은 집단안보 실현의 일환[36]이었는데, 그의 2차 세계대전 이후의 국제정치구조에 대한 개인적인 식견이 이와같은 아프리카 국가 중 유일한 한국전쟁 참전 결정의 또다른 이유였을 것으로 판단된다. 여기에서 집단안보(Collective Security) 논리는 한국전쟁 당시 UN이 내세운 회원국 다수 간의 상호안전보장 결의와 관련된 개념[37]이었는데 지역적 상호 안전보장 및 동맹결의를 뛰어 넘는 조약형태로 간주할 수 있다고 생각한다. 셀라시에 황제는 당시 에티오피아를 UN 결성 초기 주도적인 회원국이 되어야 한다고 개인적으로 판단하였다고 보여진다. 그럼에도 콜롬비아와 마찬가지로 군이 전투부대까지 파병할 정도의 국제적 압력은 거의 전무했을 것으로 분석된다. 참고로 위 언급된 UN의 집단안보 개념은 나중에 NATO[38](North Atlantic Treaty Organization)의 상호안전보장 동맹 내 기조원칙으로도 활용되었다.

라) 국제 의용참전군 사례들의 시사점

소결로서 이후 재언급되겠지만, 동기부여 요인이 개인의식 내 일종의 이데올로기적 형태로서 기능할 경우 지속적이고도 발전적인 사회경제 및 국가발전의 견인 기제로 작동될 수도 있다고 본다. 그러나 국가의 명운이 걸린 타국과의 전쟁 시에는 더욱 근본적이고도 정교한 기술적(artstic) 역량이 필요해진다고 판단된다. 즉, 자발적 의용참전군과 관련된 위 사례들은 개인 군인들과 이들이 속한 전략전술 자전단위로서의 지휘관 모두 기본 이상의 군사적 기술역량과 동기부여 요인들이 체계적으로 해당 기제들을 작동시켜야 비로소 현실전쟁(전투)에서 승리를 견인할 수 있다고 판단된다.

마) 의용병, 모병, 용병, 징병 비교

위 거명된 참전군인들 유형은 전쟁사마다 반드시 등장하나, 가장 적은 비율은 아무래도 공존지향적 순수 의용병일 것으로 판단된다. 여기에서 참고로 의용병, 모병, 용병과 관련한 개념들을 구분하고자 한다. 세 병종 모두에는 자의에 의한 참전 내지는 입대라는 공통점이 존재한다. 먼저 직업종사 의식에서 의용군은 모병·용병과 구분되는바, 세 병종 중 가장 직업 종사 의식이 희박한 것으로도 이해된다. 예를 들면 1차 세계대전 당시 영국이나 미국의 경우에 수많은 젊은이들이 자원입대 형식으로 참전한바, 당시 국민정서나 동년배 분위기 등은 젊은 남성들의 참전거부를 사회적 자살행위로 간주하게 만들었을 것임이 어렵지 않게 이해된다. 중세 기사단이나 일반인들 사이의 결투문화가 전통화되어 있던 유럽 각국 사회 내 청년들의 국가전면전에 대한 의식은 독자적 세계관이나 가치관에 입각한 순수의용병의 참전 동기부여 양상과는 상이했다고 판단된다. 물론 징병유사 의용병의 경우에도 자기확신으로 정신을 무장하여 전사를 당연시하는 다수의 일화들은 사실 징병과 의용병(지원병) 사이의 정의 차이가 무색할 수도 있었을 터로도 이해된다. 그럼에도 역사상의 사례들을 통해 구분하자면 순수 의용병의 경우, 위 열거되었던 십자군 전쟁이나 미국독립전쟁 당시 미국 전쟁터로 달려갔던 라파에트 장군과 일단의 프랑스 청년들, 그리고 스페인 내전 당시의 다양한 가치관들을 변용없이 그대로 지닌 채 참전하였던 외국인 의용병들을 지칭할 수 있을 것으로 보인다. 그리고 우리나라 역사에 자주 등장하는 의병은 일종의 의용병 개념 안에 들어갈 수는 있을 것으로도 보이나, 그럼에도 의병의 경우 자기 영토 보존이 참전의 주요 원인일 것이므로 목적의 이타 정도에서 의용병보다는 그 순수성이 떨어지지 않나라고도 이해된다.

다음으로 모병과 용병인데, 두 가지 모두는 직업군인으로서 장기간 국가로부터 급료를 지급받고 입대하여 근무한다. 이런 점에서 자발적인 참전 동기부여도는 징병이나 의용군에는 미치지 못할 수 있다고 판단된다. 역사적으로 보면 참전병사 유형으로서 두 병종은 자주 등장한다. 물론 용병은 많은 경우 한 국가의 국방인력 유형 중 거의 최후의 선택지로서 급료지불 국가에 대한 충성도가 가장 낮은 유형으로 분석된다. 즉 대부분의 경우 자국 징병과 자국민 모병이 한데 섞여서 참전하는 경우가 흔했다고 보여진다. 그리고 유럽 중세시대 각국들은 일정정도의 용병집단을 운용하였는데, 특히 스위스 용병대는 프랑스부터 여러 이탈리아 도시국가들과 신성로마제국에 이르기까지 해당 용병대에 대한 수요가 높았다고 기록되어 있다[39]. 동 스위스 용병대는 지금도 교황청 근위병으로서 그 명맥을 유지하고 있기도 하다. 또한 프로이센의 프리트리히 대제는 헝가리 출신 후사르 기병대[40]를 적극 활용했다 한다. 그리고 현대에는 프랑스의 외인부대와 네팔출신 구르카부대가 용병군대로서 잘 알려져 있는 듯하다. 이처럼 용병은 역사에 간헐적으로 등장하는바, 직업군인으로서의 기술적 역량은 탁월하나 자발적 동기부여수준은 다른 병종들에 비해 높지 않았다고 평가된다. 이어 모병인데, 우리나라의 예를 들면 하사관 이상 지휘관들은 대부분 국가로부터 급료를 지급받으면서 직업인으로서 군인생활을 유지한다. 미국의 경우에는 군인 대부분이 모병이다. 모병은 징병에 비한다면 군사기술적 역량이 훨씬 탁월함을 먼저 언급하게 된다. 그리고 자발적 동기부여 양상에서 용병과 징병에 비하면 자국 영토보전 의욕면에서는 모병보다, 그리고 자의로 군인이라는 직업을 선택했다는 점에서 징병보다 동기부여 정도가 높아 보인다. 사실 동기부여라는 측면에서 볼 때 징병이야말로 질적·양적으로 가장 강도가 낮은 것으로 이해된다. 물론 국가가 외적의 침입을 받아 부모형제와 강토(疆土)를 지켜내야 한다는 의지면에서 일시적이기는 해도 다른 어떤 형태의 참전유형보다 동기부여의 강도가 높을 수는 있을 것으로 보인다. 그러나 군사기술역량 측면에서나 정기적인 급료수령 및 전리품 획득 등의 지속적인 물질적 동기부여 측면에서 모병이나 용병 등에 비해 강도가 낮을 수 밖에 없다고 보여진다. 그래서 전쟁 발발 후 징집된 뒤 수개월에 걸친 다양한 전투에서 낮은 확률이지만 살아 남은 징집병들은 점차 초기의 영토수호라는 확장된 이기적 동기부여 유형에다가 군사기술적 역량(기량)을 체화시켜 일면 이상적인 군인으로 단련될 수도 있다고 생각한다. 그러한 사례로 6.25 한국전쟁 당시 일반병으로 참전하여 나중에 갑종 장교로 입신한 여러 장성들[41)]을 들 수 있다. 그런데, 전쟁의 진행양상이 국가의 소멸위기에로까지 위급해지면 우리나라의 경우 의병들이나 6.25 당시에 학도병 등이 등장하는데, 이들은 위에서도 언급된 바와 같이 영토수호라는 확장된 이기적 동기부여 유형의 지원 의용병으로 분류가 가능하다고 생각한다.

바) 국제 의용참전군의 고민

용병이든 징병이든 대부분 한 국가의 영토수호와 침략예방을 위한 정규군으로서의 역할을 수행한다. 즉 해당군제 소속군인들은 국가에 소속되어 충분하든 미흡하든 각종 보급을 받으면서 훈련한 후 소속국의 승리를 위해 자신의 생명을 위시한 많은 것들을 희생한다. 물론 징병들에 비해 용병들은 급여를 지급하는 국가에 대하여는 급료지급이나 보급의 질이 낮을 경우 소속 군대에 대한 충성도가 저하될 것으로 이해된다. 이에 반해 징병들은 자신이 태어난 강토에 대한 수호의지가 다른 병제출신 군인들에 비해 높을 것이며, 심지어 민주공화정 출신 징병 대상자들은 국가 영토에 대한 소유 및 수호의식·의지마저 다른 국가체제에 비하여 높을 것으로 이해된다. 그럼에도 징병에 비해 용병은 전쟁경험과 무기사용법에 대한 이해도 및 전략전술에 대한 예민한 감각(소위 'Gut Instinct')이 다수의 전투경험을 통하여 배양될 수 있으므로 전투력(군사적 역량)이라는 측면에서 봤을 때 징병에 비해 현격한 우위에 있을 수 있다고 보여진다. 여기에서 2차 세계대전 사례를 언급하게 되는바, 당시 징병되었던 미군 다수는 유럽 전선과 태평양 전선에 배치되었었다. 그런데 이들은 배치 첫 1주일 내 전사될 확률이 매우 높았다[42)]고 한다. 목숨이 위험한 전장에서는 무엇보다도 경험상의 자기 판단이 자신을 살리는 중요한 요건임을 알 수 있다. 이와 유사한 사례는 산업재해의 경우에서도 확인되는데, 산업재해자들의 다수는 경험이 일천한 미숙련공(2022년 산업재해통계로는 6개월 미만 근속자가 전체 재해자수 중 차지하는 비율은 47.85%)이라는 통계결과[43]가 이를 증명한다고 보여진다.

　용병의 장단점이야 징병이나 의용병의 그것의 정반대 정도라고까지는 말할 수 없겠지만, 어느 정도는 질적 상극성은 인정될 수 있다고 보여진다. 즉 전문 직업군인으로서의 전투력 수준은 공인된 장점일 것이다. 그러나 최대의 단점이라면 소속된 국가나 용병기업에 대한 낮은 충성심일 것이다. 주는 만큼 일하겠다는 전업근로자 의식 그대로일 것이다. 그래서 생명이 걸린 위험도 극상인 직업군인으로서는 소위 '목숨수당'에 상응하는 풍족한 급여와 대우보장이 필요해 보인다. 고대나 중세시대의 용병들은 약탈품 획득에 혈안이 되었던 사례들이 빈번히 나타난다. 그러므로 국토방위와 필요하다면 영토확장 기도 시 용병에만 의존하는 것은 절대 합리적이거나 신뢰할 만한 선택지는 아닐 것으로 생각한다.

　가장 신뢰할만한 군대는 자국민들이 군대에 지원하여 전문군인으로서 경력을 쌓게 하는 모병제일 것으로 판단된다. 이들이야말로 충성심과 전투 숙련도라는 목적을 모두 달성할 수 있는 좋은 선택지로 생각한다. 세계를 제패했던 19세기 영국군과 현재의 미군 모두 제1, 2차 세계대전 등 국가위기 상황을 제외한다면 되도록 모병에 의한 직업군인제를 유지하였고, 지금도 그렇다. 특기할 점은 세계대전 시 등의 국가 위기상황하에서도 영국은 적어도 외양만이라도 지원제 모병형식을 견지하였다. 그런데 위에서도 언급했다시피 영국 등 유럽국가들에서의 참전기피 우려에 대한 대비책은 전반적인 국가적 전통 및 분위기를 통한 암묵적 압력체제 형성 · 유지였을 것으로 판단된다.

라 칼뱅[44])의 직업 召命(Mission)의식 등 서유럽 개신교 내 동기부여 구조

1) 종교개혁 이해

15~16세기 유럽의 종교개혁기간 중 칼뱅은 개신교파 중 하나인 장로교회를 포함한 전반적인 개신교 교리의 초석을 만들었다고 평가된다. 칼뱅의 업적이라면 그의 '기독교강요'에서 종교개혁의 주요원인이었던 가톨릭교회의 소위 '면죄부' 판매를 금지시켜야 할 이유에 대한 설명 등과 그 대안들을 이론화시켰다는 점일 것이다. 여기에서 면죄부를 '면벌부'(이하 해당 용어를 사용하고자 한다) 내지는 '대사령(大赦令)'으로 이해해야 한다는 문제제기[45])도 있음을 덧붙인다. 이 부분 당시 상황을 조금 들여다 볼 필요가 있다고 생각한다. 유럽 중세시대 가톨릭에서는 일상에서의 사소하든 크든 죄를 행하였음을 의식한 경우 일단은 하느님의 권한을 일부 부여받은 성직자(신부)에게 죄 사함을 요청하는 절차 즉 '고해성사'를 진행하게 된다. 이 절차 즉 고해성사를 신부에게 신청하여 고해 후 신에게로의 관련 죄 사함 요청을 신부로부터 약속받거나 동 신부의 기도가 완료된 신자는 일단 죄 사함의 의례를 경유한 것으로 이해된다. 여기에서 문제는 고해성사를 통하여 죄는 없어질 수 있으나, 벌을 받아야 하는 의무까지 소멸하지는 않는다는 점에서 두 번째 절차가 필요해진다고 해설된다. 다음으로 면벌절차 내지 대사령 절차가 등장하는데, 교황청에서는 이때 가난한 자는 면벌받을 수 있다는 기준을 수립·시행하였고, 일정 정도 수준 이상의 부를 가진 신자들은 교황청이 소재한 성베드로 성당 등을 위시한 교회건물 개보수 비용인 일정 특별헌금을 받치고 이를 성직자로부터 확인받는 관행이 면벌부 발급절차로서 당시 널리 인식되었다고 이해된다. 다만, 마르틴 루터가 속해 있던 교구에서의 면벌부 판매상황이 도를 지나친 점이 없지 않았다고 판단된다. 이를 좌시하지 않았던 루터는 이전부터 가톨릭 내부에서의 여러 교단 정화

운동(예를 들면 '도미니크회' 수립 및 활동 등)의 취지나 논리들을 종합한 교단 정화 및 개선대안 등 내용의 건의서를 교황청에 송부하였다. 그러나 1517년 당시 교황청은 이를 불수용하고 오히려 루터의 성직자 및 신자로서의 신분을 파문하고야 말았던 사실(史實)이 우리가 잘 아는 종교개혁의 발단이다. 이런 점에서 볼 때 당시 가톨릭에서의 면벌부 판매와 이에 대한 비판 및 개선요청에 대하여 교황이 좀 더 유연하고도 온건하게 대처하였다면 어땠을까라는 역사상 가정법을 사용하게도 된다.

여기에서 우리나라의 근대사를 유럽 종교개혁 당시의 상황과 잠시 비교·관조해보고자 한다. 조선왕조는 단일 전제왕조로서는 세계사에 그 유례가 없는 600여 년의 왕권을 유지하여 역사학자 토인비가 도저히 믿기지 않는다면서 쇄국주의 결과이긴 하겠지만 비정상적 사례이다라는 평가를 내리기도 하였다[46]. 그런데 조선왕조가 그렇듯 장기집권이 가능했던 바탕에는 늘 전국의 지식인들(주로는 유생 양반)로부터의 상소문을 신중하고 유연하게 검토·수용했다는 점을 언급하게 된다. 여기에서 중국의 사례 하나도 상소 등의 언로가 국가번영에 큰 기여를 할 수 있음을 강조하게 된다. 이는 중국 청나라의 황금기에 비록 이민족 출신 황제이기는 했음에도 중국 역사상 최고의 번성기를 열게 만든 옹정제[47]의 일과로서의 상소문 열람 사례이다. 옹정제는 상소문을 열람하면서 단순히 의견청취·검토를 넘어 일일이 여기에 대응하고, 또한 지방관들의 정기 보고내용까지 분석·평가·대응에 혼신을 기울였다고 사서에 전해진다. 결국 이러한 노력들은 아들인 건륭제 대의 영화로 귀결되었다는 의견에 사가들의 동의가 모여지는 것으로 보인다. 여기에서 역사 연구가들은 말년의 건륭제가 선대황제의 성실한 상소문 열람태도와 함께 각 지방의 실제현황 파악 및 개선책 고민과 시행에 각고헌신의 자세를 망각·경시하기 시작하면서 청나라의 몰락이 시작되었다고 비평한다. 조선도 이와 마찬가지로 고종과 민비의 흥선대원군으로부터의 권력환수 시도 성공 이래 급격한 몰락의 길을 걸었던 것으로 판단된다. 그런데 조선의 경우에는 우리민족의 이해와 직결되어 부연언급하고자 하는바, 고종이라는 한 군주가 국가·국민과 이해를 같이하지 않고 군주 개인이나 소수 왕족의 이익만을 추구하면서부터 향후 100년을 넘을 수 있을 한반도 남북분단의 비극은 시작되었다고 생각한다. 즉 소수 집권권력층에 절대 소속되지 못할 일반 국민들의 過失(과실)이 아닌, 한 개인 부부를 둘러싼 극소수 관계자들의 탐욕·오판·비겁·나약 등으로부터 한반도 남북분단 비극의 발단은 마련되었다고 보아야 함을 주장하게 된다. 그런데 희한한 점은 조선조 내내 상소(上疏)의 준동세력이었던 유림(儒林)이 입헌군주제로의 국가정치 체제 개혁노력을 촉구하는 상소가 기록상 거의 확인되지 않는다는 점이다. 나라가 망하려다 보니 왕조의 권력을 강화시켜 준 관행 내지는 사실상의 암묵적 제도였던 상소의 기능이 무력화·형해화되는 현상이 먼저 나타났던 것은 아닌가라고 생각된다. 물론 서재필의 독립협회가 때늦은 입헌군주제로의 국가체제 변혁필요성을 주장하기도 하였으나, 이에 대한 고종의 대응은 보부상협회 등을 이용한 무자비한 탄압이었음을 우리는 알고 있다. 그리고 당시 유림은 입헌군주제에 대한 이해 자체가 부재하였다고 판단된다. 서재필이 갑신정변 실패 이후 미국으로 망명하여 서구의 학문을 다시 공부하면서 이해한 서구의 성공요인을 귀국 후 주장했던 것인데, 유림은 이를 무시했던 것이다. 이후 국권을 모두 강탈당하는 날까지 고종은 자신의 전제왕권 유지와 사익 추구에만 전념했던바, 시대착오적 판단오류도 그야말로 세계사적이었다고 본다. 여기에서 간과하지 말아야 한다고 생각되는 것은 국권 상실에 이은 일제 통치 당시 조선왕실은 '이왕부'로 인정받아 일본정부의 보호를 받았다는 사실이다. 그리고 왕실 소속 종친들은 적어도 일본제국 내 상급 귀족신분을 보장받았다. 왕조의 교체는 전 왕조 혈통 보유자들에 대한 조용한 학살 내지는 박해가 역사적 상례인데, 조선왕조는 자신들이 행했던 고려왕족 학살의 대가를 전혀 치르지 않고 대부분의 왕족혈통이 고스란히 보유되었던 동양사 상 하나의 기적이 우리나라 근세사에 나타났다. 이 부분 개인 또는 혈통 이기주의의 화신으로도 볼 수 있는 고종의 '혜안'이 돋보였지 않나라고도 보인다. 다시 한번 말하지만 2차 세계대전 이후 패전국 일본의 본토 분단이 아닌 식민지 조선의 남북분단이 왜 발생했는지 한국민들은 깊이 고민해야 할 것으로 생각한다. 우리는 같은 약소국(아니 조선보다도 더 약체였을 수 있고, 국권 양도를 요구한 국가가 당시 무적의 세계최강 영국이었음을 고려할 때 더 대단하다고밖에 볼 수 없다)이었던 태국(당시 삼왕국)이 기민하고도 유연하게 국민의 힘을 하나로 집결시켜 국권(국가독립) 및 왕조 존속에 성공했던 사례를 깊이 연구하여야 할 것으로 생각한다. 그리고 참고로 내부개혁의 목소리가 높기는 하나, 태국왕실의 재산액은 전 세계 그 어떤 왕실들의 그것보다 많다는 것에 분석가들의 의견이 일치되는 바, 그야말로 두 마리의 토끼(국가독립 수호와 왕실보존 및 번성)를 모두 잡은 주변부 식민지대상 국가의 세계사적 기적(인접국가들의 식민지화 역사를 보거나, 가장 극단적인 비극이 연출된 한반도를 보면 명징하게 드러난다고 생각한다)을 우리는 지금도 목격하고 있다고 생각한다.

다시 본 사안으로 돌아와서 종교개혁 당시 개신교측에서는 가톨릭 교리상 성직자의 면죄권 내지는 면벌권 부여가 성경의 뜻에서 어긋남과 함께 이에 대한 개선안이 제시되었었다. 그리고 이 중 가장 유력 · 대세적 대안이 칼뱅에 의하여 제시되어 당대 이래 현재까지 그 권위가 유지되고 있다고 생각된다. 이 교리가 '구원예정설'이다. 여기에서 개신교와 가톨릭 분리의 발단이 되었던 종교개혁시기에 개신교측에서 교리의 통일성이 필요하다는 인식하에 가톨릭에서 부정기적으로 소집하곤 하였던 '공의회'와 유사한 회의를 소집하거나 교리논쟁이 이어지기도 했으나, 이후의 개신교측의 교리해석은 그야말로 교파마다 조금씩 상이하게 흘러가기 시작했던 것으로 보여진다.

위에 잠시 언급되었지만, 개신교의 교파들은 여러 다양한 교리해석들에 근거하여 그리스도의 십자가 희생으로 인한 죄사함의 다양한 면죄및 면벌권 행사의 근거와 형식 등을 규정한 것으로 이해된다. 그럼에도 각 종파마다의 극단적인 해석 또는 근본적으로 상이한 사죄(면)권 행사기준이 크게는 보이지 않는 이유는 그 근저에 칼뱅의 '기독교강요'라는 개신교적 보편기준이 일부 논쟁은 있었지만 계속 이어졌기 때문이라고 판단된다. 이를 근거로 개신교신자들은 현재까지 오백여 년 이상 지속되는 생사관(세계관)과 생활윤리 기준을 유지하면서 지금의 찬란한 서유럽 문명의 초석을 다졌을 것으로 판단된다. 물론 구원예정설은 종교개혁 이전부터 성 아우구스티누스(어거스틴) 등을 위시한 가톨릭 내 다수의 신학자들이 신의 절대권위를 인정하여야 한다는 의미로 제시된 바 있었고[48], 이는 또한 종교개혁 당시 개신교 다수파의 입장이기도 하였다. 해당 교리에는 신의 구원예정 의지와 신의 은총이 복합적으로 기능하여 구원될 자들은 교회 내 신자들의 신실한 일상적 신앙행위들이 결국에는 신의 예정 및 은총의 조화 속에 구원의 경로로 이어진다는 해석으로 이어진다. 그러나 펠러기우스나 에라스무수 등의 신학자들은 인간의 인지(자주적 선택)[49] 등의 자발적 노력에 의한 구원이 성경의 해석에 더 부합된다는 취지에서 신과 인간의 협력가능의 소지를 허용하여야 한다고 주장하기도 하였다.

3) 개신교의 이윤추구에 대한 종교적 정당성 부여

칼뱅은 종교개혁 당시 구원예정설과 직업소명설을 설파한 바 있다. 여기에서 이미 구원과 관련된 운명이 결정되어 있는데 굳이 운명을 더 나아지게 하기 위하여 선업을 쌓는 등의 노력이 필요한가라는 의문이 제기될 수 있다. 그리고 이에 대한 설득 기제는 성경에서 찾을 수 있다고 이해된다. 성경 중 먼 길을 떠나는 주인과 하인들과의 예화[50]에서 길을 떠나는 주인은 하나님의 은유 대상일 것인바, 동일한 금액의 돈을 나눠받은 하인들 중 돌아온 주인의 칭찬을 받은 하인은 받은 돈을 많이 증액시킨 하인이었다. 이를 통해 하나님이 구원을 예정하셨다면, 그 증거 중 하나는 이윤증식 상태일 것으로 해석된다. 여기에서 개신교(주로는 칼뱅의 장로교 내지는 장로교 교리를 수용한 종파)를 국교로 받아들인 서유럽 내지는 북아메리카 등의 서유럽으로부터의 이주민들의 금전증식 노력은 자신의 사후세계 및 최후의 심판 시 구원을 보장받는 신성한 행위로 승격될 수 있었다는 의미이다. 그러나 많은 성과가 꼭 금전적 증식결과만으로 판단함에는 반론이 제기될 수 있을 것인바, 그래서 꾸준하고도 성실하게 자기직업에 종사한 끝에 사회로부터 받는 일종의 달인(達人)이나 성실함에 대한 인정, 그리고 성과산출 증대를 위한 연구와 개선노력 등의 행동들이 인정받을 수 있는 천국 인입 허가증거로 인정되었다고 보여진다. 이러한 인정가능 요소들로써 직업소명설의 논리 기제(機制-Mechanism)가 형성·기능하였던 것으로 이해된다.

물론 성경의 일화 중에는 다양한 사후 천국에로의 거주허가 요건들이 언급되곤 하는바, 예를 들면 예수님이 부자가 천국에 들어가기가 낙타가 바늘구멍으로 들어가는 것과 같이 어렵다고 말씀하신 일화[51]가 있다. 이에 중세 유럽인들 중 부자들은 거지들에게 의무화되다시피하게 되었던 '기부행위'를 시행하곤 하였다. 성직자들이 이 기부행위로 부자들이 천국의 문을 열 수 있을 것이라고 성경구절을 해석했던 것으로 이해된다. 이 부분 소결론을 맺고자 하는바, 칼뱅의 구원예정설과 함께 제시된 직업소명설은 종교개혁의 와중에서 성직자들의 신성한 면죄(벌)권한을 부인하면서 대두된 천국 인입(구원) 허가와 관련된 대안기준이었던 것으로 보여진다. 이러한 교리 등을 통하여 개신교가 수용되었던 국가의 국민들은 성실하게 자기 직업에 매진할 수 있었다고 판단된다. 그리고 그들 개신교 권역 국민들은 또한 가능하다면 금전적 성과와 기부행위 등을 통하여 천국거주 권리를 사회적으로 또는 종교적으로 인정받으려 노력했고, 지금도 개신교가 주요종교인 국가들에서 그 관성은 유지되고 있다고 판단된다. 그리고 이 점 의도되었든, 의도되지 않았든 아래 언급될 프로테스탄트 윤리와 자본주의 정신의 결과와도 연결되었다고 베버는 설파하였다. 즉 이와같은 논리기제와 실천구조 등으로 인하여 서유럽 개신교권역 국가들이 세계사적 성공을 성취할 수 있었다는 의미이다.

이와같이 종교개혁 이래, 아니 최근까지도 서유럽 개신교권역 국민들과 신대륙 이주자(이민자)들의 동기부여의 원천에도 위와 같은 성경교리가 깊이 자리잡혀 있다고 생각한다. 이 점 현대의 해당권역 국민들의 의식이나 일상태도, 문화적 특성 등을 고찰한다면 쉽게 이해될 수 있다고 생각된다.

여기에서 19세기부터 20세기 초중반 세계 1위 강대국으로 부상하고 있던 미국의 상황을 언급하게 된다. 즉, 부족한 노동력 조달방식으로서 주로는 유럽으로부터의 이민자 수혈이 필요했던 미국에 가톨릭이 대세인 유럽지역으로부터 많은 이민이 있었다는 사실(史實)이 언급대상이다. 개신교를 포함한 기독교의 기본교리는 그리스도의 십자가 희생으로 비록 조건부이기는 하나 어떻게 생각해보면 아주 쉬운 행위일 수도 있는 '신앙고백52)'을 통해 원죄가 면죄될 수 있다라는 명제에서부터 출발한다고 생각한다. 그런데 인간은 원죄 외에도 매일 죄를 범하므로 종교개혁 전 기독교와 현재의 가톨릭에서는 이를 모두 모아 성직자(신부)에게 고해성사하는 경우 다시 죄 사함(또는 징벌 면제)을 받을 수 있다는 점이 가톨릭의 중요한 교리 중 하나인 것으로 보여진다. 그런데 종교개혁 이후 개신교(프로테스탄트)에서는 이러한 면죄 및 면벌의 교리가 구원예정설 및 직업소명설 교리로 부인되었으므로, 자신의 직업에 충실하게 종사하면서, 또 좋은 성과 거양(주로는 금전 축적액

증가) 등으로 구원여부를 매일 확인할 수 있게 되었음은 위에 언급된 대로이다. 이에 반해 가톨릭의 교리는 종교개혁 이전의 교리와 크게 차이가 나지 않아 성직자에 대한 고해성사가 여전히 중요한 면죄 또는 면벌의 기본절차일 것이다. 그런데 19~20세기 초 미국 이민사회 내 가톨릭신자들의 대거 영입의 결과는 어떤 형태로든 갱단(주로는 마피아로 이해된다)의 대두라는 결과를 낳았던 것으로 보여진다. 20세기 초 유럽계 이민자들 상당수의 1차 정착지는 뉴욕이었던바, 당시 뉴욕을 중심으로 한 주요 갱단 파벌이라면 아일랜드계, 유대인계, 그리고 이탈리아계를 들겠다. 이들의 공통점이라면 소속 민족이나 출신지역이 비개신교 계열로서, 물론 부유하지 않은 유럽지역 출신(가난이 이민의 주요이유이기 때문)이거나 종교박해로 인한 이민자들이기도 하였다. 그런데 비개신교도들의 개신교도들과 비교되는 특성이라면, 어떤 죄를 범하더라도 성직자에게 고해성사를 한다면 기본적으로 사후 구원이 가능하다고 믿었다는 점일 것으로 생각된다. 그리고 물론 20세기 초 미국 내 가톨릭 신봉 이민자들 사이에 종교세계 내 신의 대리자는 당연히 성직자(신부)였을 것이나, 종교적 신앙생활을 벗어난 실제 생활세계에서의 고해성사적 속성을 지닌 은밀한 분쟁해결 의뢰나 애로시항 호소, 생업관련 고충토로·대안요청 대상자는 동족출신 실력자일 가능성이 컸을 것으로 생각된다. 이는 문화전통적 경향성일 수도 있고, 출신지역 사회 내지는 국가적 전통이나 칼 융의 논리를 차용하건대 일종의 민족적(문화적) 집단무의식의 발로라는 해석도 일정정도 가능하다고 이해된다. 그리고 초기 이민자들의 생계현실을 상상해보자면 다른 국가출신 배경이나 다른 민족·종교를 가진 여러 이민자 집단들과의 힘겨운 경쟁과 함께, 일방·편파적으로 사회 내 주류세력인 앵글로색슨계 사람들에게 우호적인 공권력으로부터 자신들의 이익과 안전을 진정 의지할 수 있는 그야말로 성직자의 역할, 즉 '代父'에 다름아니었던 역할을 마피아가 일부 수행했을 수 있었을 것으로 이해된다. 그래서 특히 20세기 초 이민자 대거 입국 당시 미국 내 마피아 갱단이 극성을 부렸던 이유가 그 중 하나일 수 있다고 보여진다.

여기에서 한 가지 언급고자 하는 바는 개신교가 종교개혁 이후 가톨릭과 같은 성직자의 면죄 및 면벌권한 부여 교리를 배제하고 신자와 신과의 직접적인 관계정립을 지지하는 것처럼 보이는 교리 정립에 나선 이후, 개신교의 개인과 신과의 관계성은 어쩌면 가톨릭보다는 기원후 7세기부터 대두된 이슬람교의 그것과 더 유사해졌을 수도 있다는 점이다. 왜냐하면 이슬람의 예배주재자 이맘들에게는 신의 대행자적 권능이 원칙적으로는 주어지지 않는다고 해석되기 때문이다. 그래서 가톨릭 내 성직자(주로는 신부)의 역할과 위상 및 기능은 어쩌면 성직역할 수행시에 한해서일테지만 인간의 영역을 벗어나 신의 대리인으로서 위치지어졌을 수 있다고 이해된다. 반면 유럽의 개신교 우세지역 출신 이민자들은 비록 그들의 정착초기 동족 갱단들의 발호가 없었던 것은 아니었을 수 있으나, 눈에 띄게 드러나지는 않았던 것으로 보인다. 왜냐하면 개신교도들은 본질적으로 신자 자신의 성실한 직업활동 수행 등을 통하여 신으로부터의 천국 인입(구원) 여부가 확인된다라는 개신교 교리(구원예정설 및 직업소명설)에서 크게 벗어나지 않게 생활하면서 공동체를 유지했을 것으로 보여지기 때문이다. 여기에서 미국의 이민사를 다시 거론하건대, 가장 먼저는 북서유럽지역 출신자들이 미국에 이민와 정착하면서 주류 지배집단을 형성하여 개신교가 또한 종교적 주류로서 자리매김하였음을 이해하게 된다. 그리고 뒤이어 가톨릭 우세 유럽지역으로부터의 후발 이민자들이 또한 별도의 공동체를 이루고는 주류세력과의 조화 내지는 융합을 이루면서 현재의 미국사회와 문화의 대개가 그려졌다고 이해된다. 이후로도 스페인계와 중국을 위시한 아시아계, 인도계, 그리고 19세기 대거 유입되었던 아프리카계 인종들도 나름의 다국적 문화를 형성하면서도 결국에는 주류의 문화적 · 정신적 의식구조가 구심적 역할을 하였을 것으로 보여진다. 여기에서 간략하게 미국의 발전과정을 해석하자면 신과의 성실한 대면 및 실천을 통하여 구원의 확인을 받는다는 개신교적 직업상의 동기부여 구조·기제가 주류로서 작동되어 미국의 국가적·경제적 번영이 이어지고 있다는 내용일 것으로 생각한다.

4) 막스 베버의 프로테스탄티즘 윤리와 자본주의 정신[53]

위 칼뱅의 직업소명설 및 '이윤추구의 신성함'이라는 개념과 관련하여 독일의 사회학자였던 막스 베버는 이는 일견 비합리적인 논리일 수도 있으나, 결국 서구 자본주의 정립·발전의 원인이 되었다고 그의 저서 '프로테스탄티즘 윤리와 자본주의정신'에서 상설(詳說)하였다. 그의 실증적 분석 내용들은 칼뱅의 '기독교강요'가 서구에 미친 막강한 영향력을 잘 이해하게 해주는 데에 큰 의의가 있다고 판단된다. 그래서 그의 설명논지는 아래 소개되는 애덤 스미스의 '보이지 않는 손'에서의 경제학적 분석 내지는 통찰에 비하면 시기적으로는 늦었지만, 개신교가 가톨릭과는 다르게 성경을 해석하여 자본주의가 본격적으로 배대되었고, 현대 서구의 경제석·분화적 번영이 시작되었다고 해석한다. 그런데 구원예정론 교리상 '선택된 자들'의 일원임을 인식할 수 있는 확실한 표지라면 기독교인들이 신의 영광을 증대히는 데 봉사하는 생활양식을 성실하게 고수하는지 여부라고 해석된다. 그런데 반듯한 개신교인으로서 품행의 원천은 신의 영광을 증대하기 위한 자신 내부의 힘에 근거하고 있는 것이므로 자신의 품행은 신이 원한 것일 뿐만 아니라 무엇보다 신이 역사한 것이라는 점을 의식함으로써, 구원의 확실성을 획득한다고도 칼뱅의 후계자들은 해석하기도 한다[54].

여기에서 베버는 개신교의 직업상의 동기부여 기제(윤리)는 '일'(노동)과 관련된 분야에서 그 영향이 두드러졌다고 언급하는 한편, 개신교도들은 이러한 개신교 윤리에 따라 자신의 종사업무를 개선·발달시키면서 재투자를 위한 부를 축적하였다고 설명한다. 베버는 이와같은 이유들을 들어 개신교 (특히, 직업소명설을 주장한 칼뱅주의) 윤리가 자본주의 발전에 영향을 끼쳤다고 그의 저서에서 주장한다[55]. 이와 같은 설명논리를 다시 동기부여적 관점에서 설명하자면 신의 구원과 관련하여 개신교 신자는 신에의 직접적 호소와 가감없는 자신의 정직한 직업종사 및 영리축적 노력 등을 통하여 자발적이고도 내면적 동기부여 기제가 정착될 수 있었다고 해석하고자 한다. 그리고 이러한 기제를 통하여 전반적으로 개신교 전파지역 내 괄목할만한 자본주의 발전이 가능했다고 이해된다. 물론 가톨릭 우세지역인 프랑스나 이탈리아, 심지어는 현대 동아시아 국가들도 자본주의적 성숙을 기할 수 있었으며, 특히 가톨릭이 대세였던 시기에 자본주의는 이미 그 형태를 갖췄다는 내용의 비판이 베버의 주장에 대하여 제기되었던 바 있었다[56]. 그럼에도 필자는 주로는 칼뱅주의적 개신교 교리의 확산·정착을 통하여 이를 믿는 신자들에게 강력한 내적·자발적 동기부여 기제가 확실하게 작동되었다는 베버의 주장을 지지하고자 한다.

마 근대 유럽 계몽주의

1) 개관

먼저 위 장에서 언급되었던 미국 독립전쟁 시 자의식에 기반한 자발적 참전자 라파예트 장군의 행동기제(機制-Mechanism)와 그 결과는 18세기 유럽 계몽주의사상으로부터의 발로였다라고 판단됨을 언급하게 된다. 그런데 다시 이는 자발적·공존지향 동기부여 기제가 성공적인 결과로 귀착된 사실상의 최초의 사례였던 것으로 해석된다라고도 주장하고 싶다. 그런데 유럽에서 계몽주의가 형성된 배경에 대하여 먼저 언급하자면, 16세기 르네상스시대 이후 유럽에서는 종교개혁으로 인한 기독교 내 신구교간 대립양상이 17세기 말 '30년 전쟁'까지 지속되었다. 이어 신교구교 양측은 1648

년 30년 전쟁을 끝내면서 '베스트팔렌조약'[57]을 체결하였고, 서로의 입장을 존중하기로 용인하였다. 그리고 그즈음 영국에서는 청교도혁명이 성공하여 입헌군주국가로서 영국의 국가정체가 형성되어 가고 있었고, 로크 등이 당시로서는 매우 진보적인 인권보장 논리들을 설파하기 시작하였다. 이때부터 서유럽에서는 이성의 우위와 인명존중, 평등개념에 기초한 시민들의 정치적 권력강화 등을 골자로 한 사회·국가 개혁논리가 유행처럼 번져나갔다고 이해된다[58]. 사실 위 베스트팔렌조약 등과 관련한 신·구 기독교 간 대립양상은 주로는 유럽대륙 내 사정이어서 영국은 언제나처럼 조금은 초연한 입장이기는 했다. 그럼에도 영국에서도 1642년부터 1651년 사이에 벌어진 청교도혁명(잉글랜드 내전이라고도 지칭된다) 등의 조금은 완화된 형태의 신·구 기독교 간 종교전쟁과 시민권 강화 추세가 이어졌다. 그리고 청교도혁명 중 1649년 찰스1세 국왕처형 등의 상황은 프랑스혁명과 루이16세 처형에 비한다면 백오십여 년 이상 앞섰던 것도 사실이다. 그러나 아무래도 서구문화의 주류는 서유럽 본토에 있었고, 정치화(精緻化)된 계몽주의 논리들은 더 설득력 있고, 구체화된 사회변혁 이론으로서 정립되고 있었던 것으로 판단된다. 그런데 여기에서 주목할 사항은 18세기의 소위 '계몽군주'들에 대한 각국 민중들의 인기 고조와 함께 각국 군주들의 이에 대한 의식행태들이었다고 보여진다. 이중에서 프로이센의 프리트리히 대제[59]의 일화나 행적들은 일반 세계사적 '성군'의 요건들로서의 애민의식을 많이 보여주었음은 주지의 사실이다. 예를 들어 프로이센 국민들의 구황(救荒)을 위하여 감자재배를 적극 추진한 사실(事實)은 이와 관련된 유명한 일화 중 하나이다. 그런데 그는 이에 더해 당대 세련된 교양인으로서 첨단을 달리기도 하였던바, 예를 들면 그는 클래식음악 작곡이나 근대 인권의식을 옹호하는 주제들의 저술활동 등을 생애(生涯) 지속하였다. 그리고 시대를 앞서가는 정책들을 국민들의 후생복지 증진을 위해 시행한바, 그의 복지정책들은 후세 지식인들로부터 '대제'의 칭호로써 칭송하게 만든 원인 가운데 하나였을 것으로 이해된다.

로크는 사회계약론과 인권개념을 발전시켜 서유럽, 특히 영국 정치철학사에 큰 업적을 남겼고, 지금도 지속적으로 자유주의의 정신적 지주 중 중요한 정치철학자의 한 명으로서 인식되고 있다. 그런데 그가 홉스와 대비되는 가장 큰 특징은 동양의 맹자와 같이 그의 주요 정치철학적 개념과 논리 등이 '성선설'에 기반함과 동시에 또 맹자의 '역성혁명'지지 논리와 유사한 '민중 저항권'지지 논리로 이해된다. 즉 사회 자체는 계약논리에 의하여 성립되어 유지되지만, 그렇다고 불평등하거나 불합리한 일방 수익 내지는 일방 희생 계약조건은 계약파기의 정당한 사유가 됨을 주장한 것이다. 그의 이와같은 논리전개는 우선은 인간의 개인 소유권 존중이라는 자연법 논리에서 출발하여 국가의 기능을 홉스와 같은 왕권신수설적 입장이 아닌 개인 재산권을 보호하기 위한 통치체제 당사자와 개인 재산권을 보호하기 위한 의지를 가진 자연인들과의 '사회계약' 논리를 옹호하는 데에까지 미친다. 그리고 사회계약의 당사자로서의 국가(국가권력)가 그 기능을 제대로 수행하지 못하였을 때에는 해당 사회계약은 파기될 수 있다는 저항권 논리로 진행되었다[61]. 여기에서 주목할 점은 로크의 성장기가 영국의 청교도혁명(잉글랜드내전) 기간 동안이었고, 그의 아버지는 청교도혁명을 이끌고, 나중에는 찰스1세를 처형한 크롬웰군(의회파군)의 기병대장이었다는 점이다. 그래서 그의 정치철학 논리들은 청교도혁명의 그림자를 짙게 띤다는 점을 지적하게 된다. 그리고 그의 정치철학(정치학 내지는 2권 분립을 골자로 한 국가체제 구성론, 자연법학론 등을 포함) 논리들은 유럽대륙 서유럽에 영향을 미치기 시작하면서 프랑스에서는 루소의 다소 과격한 민중일체 사회계약론 등으로 발전되게 되고, 볼테르나 디드로 등의 관용주의에 입각한 다양한 계몽주의 이론들에도 큰 영향을 주었다고 이해된다.

3) 몽테스키외의 3권분립과 민주주의

몽테스키외는 우선 시민권의 확립을 위한 국가정치체제를 논하면서 로크의 외견상 입법·집행 2권분립이면서도 사실은 입법·행정·연방부로 3권을 나눈 일종의 이원집정 권력분립이론보다는 그의 저서 '법의 정신' 속에서 그 유명한 입법·행정·사법부로 국가권력을 나누는 3권분립론을 주장하였다[62]. 몽테스키외는 귀족이자 법률가 출신으로서 입법·행정부만이 아닌 사법부의 권부로서의 위치를 강조한바, 자유주의자였던 로크 등에 비해 시민자유권을 보장하는 데 더해 사회질서 유지의 중요성도 설파하는 한편, 직접 민주정보다는 키케로의 주장과 유사한 완화된 형태의 민주정체로서의 일종의 간접민주주의 공화정을 제안하였다고 판단된다. 그런데 여기에서 미국의 독립 이후 사법부의 민주적 정당성을 부여하기 위하여 몽테스키외의 3권분립 이론을 받아들인 미국 초창기 국가실계자들의 고민을 들여다볼 필요가 있다고 생각된다. 이는 21세기 사법부에 대한 민주적 통제를 고민하는 대한민국의 지식인들로부터도 일견 유사한 고민이 중첩 관찰될 수도 있다고 생각한다. 3권분립 국가 내 사법부를 예로 들 때, 검찰의 경우에는 막강한 형사 기소권한이 주어지고, 법원의 경우에는 더 말할 필요도 없을 것으로 판단된다. 그런데 일단 민주공화정체 하에서는 사법부가 막강한 권한(권력)을 행사하는 데에 대한 민주적 정당성과 견제수단이 반드시 강구되어야 한다고 판단된다. 그래서 미국을 예로 들면 각 주의 검찰총장이나 하부 행정단위 검사들은 반드시 선거절차를 경유하게 되어 있다. 그리고 미국의 판사들은 종신직이다. 이는 판사출신 변호사들이 사법부의 독립적인 재판권을 침해하는 병폐를 예방하기 위한 고민의 소산이었다고 이해된다. 그리고 검찰권력을 포함한 다른 권력들과의 상호견제도 중요할 것인데, 검찰은 민주적 정당성 보장을 위하여 투표절차를 통한 유권자들의 통제가 중요해 보이고, 법원에는 주의회와 연방의회의 판사 임용절차와 재판시 배심원 평결절차 등이 중요한 민주적 정당성 내지는 공정성 확보의 기능요소일 것으로 이해된다. 그런데 우리나라를 예로 들면, 검찰이나 법원이나 대법원판사 및 검찰총장 이상의 최고위직 임명 시 국회의 인사청문회 정도가 민주적 통제의 대부분일 것으로 이해된다. 민주공화국가로서 대한민국의 헌정적 안정을 고민한다면, 일단은 사법부의 민주적 정당성 부여 요소 내지는 구조와 기능 및 견제의 조화가 매우 소중할 것으로 이해된다. 향후 개헌 시 이와 같은 민주적 구조와 기제(機制-Mechanism)부여 제도도입을 매우 진지하게 고려하여 제도적 변화를 기하여야 함이 시급함을 주장하고 싶다.

4) 계몽주의가 프랑스 시민혁명에 미친 영향

일단 루소의 영향력이 매우 컸다는 판단이 든다. 반면, 프랑스혁명에서의 볼테르 등의 온건 계몽주의자들의 영향력은 직접적이지는 않고 인본주의, 박애와 평등 등의 기본 혁명정신을 형성하였던 것으로 보여진다. 반면, 혁명 이후 전개과정에서 특히 로베스피에르와 생쥐스트 등이 주도한 자코뱅파[63] 공포정치 시기에 계몽주의자 중 과격파로 분류될 수 있는 장자크 루소의 공공선을 목표로 한 사회계약론[64]상의 일반의지 개념과 이에 기초한 인민통치 개념이 어느 정도 현실화되었다고 평가된다. 그러한 일반의지에 기초한 직접 인민통치 개념은 또 한번 러시아 볼쉐비키혁명 후 소련이나 다른 공산주의 국가들에서 예외없이 많은 왜곡[65]과 후유증을 남기면서 최종적으로는 소련 등 전반적인 공산권 국가들의 붕괴로 귀결되었다고 본다. 이와같이 루소의 인민통치이론은 한마디로 결함많은 정치개념이기는 하나, 혁명 직후 혼란기를 수습하여야 할 때 해당 개념과 구조 및 작동 기제를 수용하고 싶은 유혹이 컸을 것으로 보인다. 반명 볼테르의 관용정신은 이후 프랑스적 문화나 국민의식에 뿌리를 내려 현재까지 장기적 영향을 미치고 있는 것으로 보인다. 여기에서 17~18세기 서유럽국가들에서는 계몽군주 개념이 대두되기 시작할 당시, 위에 언급된 프리트리히 대제가 프랑스의 일반국민들 사이에서도 매우 인기가 높았고, 또한 상당수 유럽 군주들 사이에서도 흠모되었기에 그는 당대 계몽주의 군주의 이상적 모형이었음이 여러 일화 등을 통하여 증명되곤 한다고 판단된다. 그래서 나폴레옹 몰락 이후 유럽에서는 왕정복고의 양상이 나타났지만, 근본적으로 이전 시대의 군주 절대주권 개념은 더 이상 표면화되지 않았다고 판단된다. 즉, 19세기 유럽 내 왕정복고국가들 사이에서도 되도록 입헌군주제 정체(政體)를 채택하는 것이 당시 유럽 각국의 대세였던 것으로 확인된다. 물론 러시아만은 예외였던 것으로 보이는데, 이러한 시대조류 불참태도는 결국 20세기 초 볼셰비키 혁명으로 귀결되었다고도 해석된다. 덧붙여 프리트리히 대제는 재위시 전제군주에 가까웠지만, 입헌군주제 정체 하에서도 여전히 이상적인 역할모델로서 해당 정체국가 군주들의 귀감이 되었던 것으로 보여진다.

국민들의 감자재배 상황을 시찰하는 프리트리히 대제[66]

5) 애덤 스미스의 맹목적 이윤추구 개념

애덤 스미스는 그의 명저 '국부론'[67]에서 개인의 근시안적이고도 이기적인 이윤추구 자세(태도)야말로 개인의 복리증진은 물론 경제발전과 더 나아가 국가번영의 관건임을 주장한 바 있다. 애덤 스미스는 나중의 베버가 개신교의 역할과 자본주의의 발전을 설파한 논리와는 달리 자본주의 개념에서 종교적 입장(시각)은 배제한 채 그야말로 초기 경제학적 관점에서 직관적·분석적으로 해석하였다고 이해된다. 이 부분 어쩌면 애덤 스미스의 조국이었던 영국(UK; United Kingdom을 의미하고 England만을 의미하지는 않음에 주의 요망)이 서유럽 전체를 18세기부터 적어도 20세기 중반까지 압도할 수 있었던 이유의 단초가 시사될 수 있다고 생각한다. 이하 관련내용 분설하여 영국의 강점에 대하여 동기부여적 관점에서 고찰하고자 한다.

가) 기본개념

애덤 스미스의 자본주의적 직인(직분)개념은 주지하다시피 이기적 이윤추구야말로 전체 경제체제(권역)를 건강하고도 조화롭게 구성하고 발전시키는 원동요소라는 그의 주장에 기반한다고 생각한다. 이 초기 경제학적 논리는 후세학자들에 의해 더욱 확장되어 규제없는 시장자유주의를 지향하는 경제학파(소위 Laissez-faire[68]파)도 나중에 대두되었다고 이해된다. 그런 반면에 일정 정도의 정부 시장개입 필요성을 주장하는 경제학파도 등장하였다. 다만, 본 서에서 중점을 두고자 하는 바는 애덤 스미스가 국부론 저술 당시 실제로 경제주체들이 순수하게 이기적 관점에서만 자기수익 극대화에 몰입했을까라는 문제제기에 대하여 일정정도 고찰할 필요성이 존재한다라는 내용이다. 필자의 결론부터 말하자면, 당시 영국 대다수 국민들 다수도 주로 칼뱅의 기독교강요 교리에 기반한 개신교적 의식을 공유하였고, 이에 따라 경제주체로서의 국민들 각자는 직업소명설에 입각한 자발적 동기부여되어 생업에 매진하였을 것으로 이해된다는 점이다. 그런데 애덤 스미스는 이러한 종교관과는 어느 정도 거리를 두었다고 판단된다. 그리고 그는 한 경제권역을 관리·관장하는 정부의 간섭이나 감독(개입)이 최소화된다면 경제적으로 최대의 성과를 산출할 수 있다고도 주장한 것으로 이해된다. 그럼에도 당시 영국인들은 신봉하는 종교가 영국성공회(국교회)든 청교도파나 감리교회파라도 개신교도라면 구원예정설과 직업소명설적 교리가 유럽대륙 본토의 그것과 마찬가지인 것처럼 직업종사 내지는 참전 시 자발적 동기부여 기제를 구성하는 중요한 항목이었을 것으로 판단됨을 강조하고자 한다.

나) 개인 동기부여 요소 및 양상

애덤 스미스의 이기적 동기부여 논리 내지는 기제(機制-Mechanism) 등이 영국 내 개인들에게 얼마나 광범위하게 수용되었는지에 대한 실증연구는 거의 불가능한 것으로 생각한다. 다만, 당시 영국 스코틀랜드나 잉글랜드 등지에는 산업혁명이 시작되어 급격한 경제성장과 사회변화가 수반되고 있었음에 주목하게 된다. 그리고 비극적이게도 저임금·장시간 노동과 10세 전후의 아동노동도 영업사업장 특히 광산업과 연초제조업 등에 만연하였음도 기록에 드러남을 알 수 있다. 이는 자본가들의 철저한 이윤추구의 궁극적 결과물일 것인바, 애덤 스미스의 주장이 오류라는 말은 아니나, 그의 분업 효과설 등의 개념들은 그 전개양상을 볼 때 원형 그대로는 현시되지는 않았지 않았나 의문이 제기된다. 그래서 해당 개념은 지나치게 확장되어 사용되었을 우려가 높아 경제학 내 기술적 설명개념 내지 논리요소로서 외에는 더 방점이 찍혀서는 곤란하지 않나라는 판단도 하게된다.

덧붙여 애덤 스미스의 이기적 동기부여 개념이 사회 내 정착된 이데올로

기적 개념을 보여주었냐라는 질문에 대하여도 선뜻 동의하기 곤란할 수 있다고 생각한다. 그러나 산업혁명기를 통과한 자본주의 발전단계에, 그리고 주로는 개신교가 주류를 이루는 영국이나 서북유럽 지역에서 어쩌면 필연적으로 극단적 형태의 '노동력 착취(搾取)' 양상이 드러났다라는 명제를 크게 부인하기는 어렵지 않을까라고 판단된다. 어쩌면 해당지역 내 노동자들은 신의 가혹한 직업소명 의무를 목숨으로써 완성하고 있었을 인생사례들도 실존했었을 것으로도 보여진다. 이때 해당 개인 내지 노동자 집단은 과연 직업소명이 맞는 논리인지에 대하여 회의(懷疑)하였을 수 있었다고 보여진다. 실제로 노동자들의 집단행동은 19세기부터 점점 가시화되고 있었던 것도 사실로 보인다. 이와 아울러 19세기 이래 개신교권 유럽지역에서는 전지적 인격신 개념에 대한 신봉열의가 완만하게 또는 급격하게 쇠퇴·냉각되는 추세를 보여주지 않았나라고 판단하게 된다. 대신 기독교 교리와는 조화되기 어려운 진화론의 대두나 종교를 아예 구축(驅逐)대상으로 간주하는 유물론 득세 등의 현상도 일부 관찰된다고도 보여진다.

다) 애덤 스미스의 논리와 18~19세기
영국의 부상과의 국제정치 및 경제적 상관성 등 고찰

❶ 영국의 영광

　팍스 브리타니카(Pax Britanica)라는 단어는 대체로 18세기 중후반부터 20세기 초반까지의 영국의 강성함을 표현한다고 생각한다. 물론 그 정점은 1815년 워털루 전투의 패배로 인한 나폴레옹의 몰락 이후부터 19세기 잔여기간 80여 년 및 1914년 1차세계대전 발발까지일 것으로 판단된다. 그 백년의 기간 중 60여 년은 빅토리아 여왕의 재위시기(1837년~1901년)였다. 당시 영국은 드디어 '해가 지지 않는 국가'라는 별칭을 얻는 영예도 얻게 된다. 왜냐하면 1857년 인도 세포이항쟁 실패 후 무굴제국이 멸망하여 사실상 인도 전역의 통치권이 영국에 귀속되었기 때문이다. 그리고 당대 빅토리아 여왕은 영국 총선거를 통해 집권한 보수당 소속 디즈레일리 수상으로부터 1874년 기존의 '대 브리튼 및 아일랜드 연합왕국 여왕'(Queen of the United Kingdom of Great Britain and Ireland)[69]에 더하여 인도의 여제(Empress of India)라는 칭호사용 의례권을 의회의 승인을 얻어 공식칭호로 사용하게 되었다. 물론 영국 국왕의 '브리튼 및 아일랜드 연합왕국 왕(여왕)'이라는 공식 칭호에 더해진 '인도의 제왕'이라는 칭호는 1947년 인도의 독립 이후 엘리자베스 2세부터 이후 왕(여왕)은 더 이상 사용하지 못하게 되었다. 그런데 영국의 세계 지배국가로의 부상은 일반적으로 엘리자베스1세 치세시기였던 1588년 스페인 무적함대를 격파한 이후부터 시작되었다고 주장되기도 한다. 당시 엘리자베스1세 여왕은 심지어는 당시 카리브해 해적 및 노예무역상으로 악명이 높았던 프란시스 드레이크[70]를 영국해군에 편입시켜 1588년 스페인 함대 격파 및 1589년 드레이크-노리스 공세에까지 활용하였다. 이와 같은 스페인을 대상으로 한 대공세가 성공을 거두어 이후 대서양을 비롯한 세계 무역항로에 대한 핵심 지배관리권은 영국이 20세기 미국의 부상 이전까지 장악하고 있었던 것으로 평가된다.

❷ 애덤 스미스의 논리와 19세기 영국 패권(Pax Britanica)과의 상관성

위와 같이 영국은 19세기를 중심시기로 하여 팍스 브리타니카(Pax Britanica[71])라는 영예를 얻었을 정도로 당대 최강·최대의 국가로서의 위상을 견지한 바 있다. 그리고 그 위세는 20세기 이후로는 팍스 아메리카나(Pax Americana) 시대가 도래했음에도 여전히 그 관성이 일정 정도 유지되고 있는 것으로 판단된다. 여기에서 19세기 시대상황을 조금 더 상설하자면 무엇보다 1815년 워털루 전투를 먼저 살펴보게 된다. 당시 유럽에서는 나폴레옹의 러시아 원정 실패 이후 프랑스의 지배력이 현저히 약화되고 있었다. 그럼에도 나폴레옹의 프랑스는 여전히 강력한 위세를 유지하려 하였고, 이에 대하여 영국·러시아·프로이센 등의 반 프랑스 연합군은 현재의 벨기에에 위치한 워터루 언덕에서 나폴레옹의 프랑스에게 최후의 일격을 가하기 위한 일대 회전을 벌였다. 그리고 연합군은 워털루 전투에서 나폴레옹의 프랑스를 격퇴하여 드디어 유럽대륙은 프랑스 나폴레옹제국의 압제로부터 해방되었다. 여기에서 나폴레옹의 몰락은 1804년 그의 황제등극 이후 프랑스군이 정복한 유럽 각지에 나폴레옹 인척들로 구성된 위성왕국들을 수립하면서부터 그 조짐이 나타났던 것으로 보여진다. 결정적인 나폴레옹 몰락의 조짐은 1809년경 나폴레옹의 형을 국왕으로 지정한 스페인에서부터 나타났다고 흔히 분석된다. 물론 사실상의 결정타는 러시아 원정 실패와 이와 수반된 그의 역전(歷戰)의 정병(精兵) 30만명의 몰살로 봐도 무방하겠으나, 스페인왕국 내 다발적인 저항과 당시 두각을 나타내기 시작한 영국 지원군 사령관 웰링턴의 활약으로 나폴레옹은 어떤 한계점을 보여주었다고도 생각한다. 이 당시 나폴레옹은 정신없는 정복승리 연속에 따라 일종의 승전도파민에 중독되지 않았나라는 생각도 하게 된다. 그런데 주목할 점은 그 승전도파민 중독현상이 프랑스군인들과 프랑스국민들 사이에서 만연되었지 않나라는 판단이 드는 여러 정황들도 드러난다는 사실이다. 그 첫번째는 1차 나폴레옹 몰락 이후 프랑스 남부 엘베섬에 유폐되었을 때 나폴레옹은 섬을 탈출하여 파리에 귀환한 후 다시 권좌에 오른바. 프랑스군인들과 국민들은 열렬히 그의 복귀를 환영하였다는 사실이다. 물론 그 이후 나폴레옹은 워털루에서 웰링턴 장군의 연합군에게 최후의 일격을 받고는 프랑스로부터 머나먼 대서양의 세인트헬레나섬에 완전히 유폐되어 생을 마감하였기는 했다. 그러나 프랑스 국민들의 나폴레옹 향수(도파민 중독) 현상은 이후 그의 조카인 나폴레옹 3세의 제위등극 사실(史實)에서도 확인된다 생각한다. 나폴레옹 3세는 먼저 프랑스 대통령선거에 출마하여 대통령 권좌에 올랐었다. 이후 그(나폴레옹 3세)는 그의 삼촌이었던 나폴레옹1세의 행적을 따라 사실상의 전제왕권을 쿠데타를 통해 획득하였는데, 이는 다수 프랑스 국민들의 의향이 그의 왕위등극을 통하여 나폴레옹1세와 같이 프랑스제국이 유럽을 재정복해 주기를 바라는 데 있었기에 가능했다라고 해석된다. 그러나 그도 그의 삼촌의 몰락궤적과 유사하게 비스마르크가 이끄는 프로이센과의 전쟁에서 완전 패퇴하여 왕위를 박탈당하게 된다. 참고로 이 당시 파리에서는 시민들이 파리꼼뮌군을 결성하여 프로이센 점령군에 대항하다가 결국에는 다수의 사상자를 내고 항복하기도 하였다. 여기에서 프랑스를 프랑스적이게 만든다는 프랑스대혁명 이래의 '시민 저항정신'의 일단을 재확인하게도 된다. 보불전쟁 이후 프랑스에서는 더 이상의 나폴레옹 향수(도파민중독)로 국가적 재난상황(패전상황)을 야기시켜서는 안된다는 생각으로 '나폴레옹 일가 공직선거 출마 금지법'이 제정되는 웃지 못할 사실(史實)로도 나타났다고 생각한다. 사례적 연관성 내지는 논리적 수렴성을 상정(想定)할 수도 있을 것인바, 우리나라에도 나폴레옹과 유사한 향수 기제로 인하여 박정희 대통령에 대한 도파민 희구현상이 장래 간헐적으로라도 다시 나타나지 않을까라는 생각이 들기도 한다.

　여기에서 애덤 스미스의 원 논지(論旨)로부터 약가우 궤를 달리하는 것으로도 보여지지만, 그러나 반드시 상이하지만은 않은 영국군인들 내지는 영국국민들 동기부여 기제상의 일종의 단순화 현상을 언급하고자 한다. 먼저 영국 국민들은 스포츠에 진심임이 쉽게 관찰되는데, 주로는 팀스포츠에 집중되어 있는 것으로 보인다. 이 중 축구는 영국 시골 면 단위까지 지역팀들이 결성되어 계층적 지역리그들을 형성하고 있고, 이는 최종적으로 영국 프로축구 최상위리그인 '프리미어리그'로까지 이어진다. 그래서 5부 정도의 하부리그나 그 인접 상위리그 선수들은 아마추어 선수인지 프로(전업) 선수인지 구분이 잘 안되지만 적어도 3부리그 이상 선수들은 그래도 축구만으로 생계를 이어가고 있는 것으로 보여진다. 이렇듯 영국 국민들의 축구에 대한 열정은 깊고 넓은 것으로 평가된다. 즉 수백년의 전통이라는 맥락 속에서 축구에 대한 영국 국민의 정서와 열정은 우리나라와 비교해 보면 확연히 질과 양을 달리한다고 이해된다. 그런데 주목할 점은 영국국민들의 팀스포츠에 대한 관심은 비단 축구만이 아니라, 럭비, 크리켓, 그리고 귀족계급에서는 폴로로까지 이어진다는 사실이다. 이는 영국 국민들이 팀스포츠를 중심으로 스포츠를 즐기고 중시하는 행태가 확고한 전통을 형성하여 다음 세대에 계승됨과 함께 일종의 '국민성'의 영역으로까지 확대되어 있다는 반증으로도 이해된다. 여기에서 주로는 팀스포츠가 가지는 몰입감과 팀을 중심으로 한 지지 팬들의 일체감 및 동기부여라는 측면에서의 작동 기제 요소들은 전쟁 작전수행 시 전투에 임하는 군인들의 감정과 의식 및 동기부여 기제 등과 유사함에 주목하게 된다. 자발적 의사로 해당 팀의 팬이 될 것임을 결정한 한 팬은 자신이 해당 팀의 주전 선수인 것처럼 팀의 승리를 위하여 경기에 몰입하게 된다. 즉 동기부여라는 관점에서 강력하고도 지속적인 자발성이 드러난다고 보여진다. 이 부분 현대 스포츠에 대한 일반 팬들의 열광양상을 떠올린다면 팬들의 어쩌면 맹목적인 몰입경향과 과열양상에도 맞닿는 듯하다. 여기에서 다시 영국의 정치문화적 양상을 조금 상기하게 된다. 먼저 눈에 띄는 상황은 2권 분립 정부체로서 의회가 가지는 막강한 위상을 고려할 때 의회에서의 여야 간 논쟁 상황이 TV에서 녹화 또는 생중계된다는 점이다. 시청자들은 지대한 관심을 가지고 시청하게 됨은 자연스러울 것을 보인다. 그런데 흥미로운 점은 해당 여야 대표 및 여야 국회의원들의 토론양상이 팀 대 팀과의 스포츠게임 양상을 띈다는 점이다. 세계 각국의 입법부 의회건물 내 의원들의 좌석배치 양상들을 관찰하건대, 대부분은 의장석을 중심으로 반원형을 구성함이 일반적이다. 보통 민주공화정체를 채택한 국가에서는 의회의 구성 정당들이 다수임을 예견할 때 이와 같은 좌석 배치구조는 합리적일 것이다. 그런데 유독 영국 의회 건물만은 여당 대 야당으로 좌석을 2분시켜 사실상 제3당 등을 비롯한 소수당들이 의사당 내 입지에 있어서 불이익을 보게됨을 지적하게 된다. 그리고 주요 정책을 놓고 여야당 간 논쟁 시 주로는 여야 당수 간의 토론으로 많은 시간이 할애되는바, 여야당 국회의원들은 어떨 때는 질문과 수상으로부터의 답변을 청취하는 토론자 입장이기도 하나, 많은 시간비율이 여야 당수 간 논쟁 진행 시 응원자로서의 역할을 수행하는 데 할애되는 것으로 보여진다. 그래서 이러한 의회 내 토론방송을 시청하는 국민들 입장에서는 스포츠경기를 보는듯한 즐거움도 주곤 한다 생각한다. 그래서 영국인들은 아무리 심각한 상황에서도 해당 상황들을 일종의 스포츠게임으로 환원시키고자 하는 의식(意識) 기제가 문화(일종의 '밈[72]')전통적으로 작동되는 것으로 보여짐도 언급하게 된다. 여기에서 영국적 전통 내지는 문화상의 한 특징으로서 팀스포츠 참가 내지는 팬으로서 간접참가를 통한 유사 전쟁(전투) 참가 의식의 일상화가 구현되어 왔다고 필자는 판단한다. 19세기 영국의 세계제패는 이와같은 전 국민들의 의식적·무의식적 참전 동기부여 연습이 큰 역할을 했을 것이라고 판단된다. 그리고 20세기 이후 세계의 패권은 사실상 미국이 가짐에 큰 이론은 없을 것으로 생각하는데, 미국 역시도 영국의 지할 시민지로부터 출발한 영국문화의 계승지로 봐도 무방힐 듯하다. 그런데, 미국 국민들의 일상적인 스포츠 몰두경향은 영국 크리켓으로부터 연원한다 할 수 있는 야구와 럭비로부터 연원하는 미식축구, 이어 미국·캐나다로부터 시작된 농구, 아이스하키 등의 성행으로 뚜렷이 확인된다고 생각한다. 필자의 판단으로는 한 국가 국민들의 스포츠 몰입현상은 일단 사회적 동물로서 인간의 기본적 영토방위 행태의 일환인 전쟁작업 수행 시 유리한 준비행위로서 원초적 동기부여 양상으로 판단됨을 언급하고자 한다. 물론 동기부여 기제나 발전양상 계층화는 최종적으로는 본 서의 제목과 같은 공존지향 동기부여에 귀착된다고 보나, 일단, 자주국가적 존재의 필요요소로서의 기초적 동기부여 요소는 전쟁수행을 가능하게 하는 문화와 전통으로부터 우선 기인된다고 판단됨을 언급하고자 한다.

Ⅲ
유교·한자문화권 동기부여 개념

1. 공자의 윤리개념

'군군신신(君君臣臣)' 이는 공자의 경전인 논어[73] 중 정치사회 질서의 기초 개념 내지는 그러한 의미를 은유하는 구절인바, '---답게'를 의미한다고 해석되어진다. 이 점 아리스토텔레스의 '덕(Virtue)' 개념과도 일맥상통한다고 보여진다. 그리고 이는 유교적 기본 사회윤리로서의 주요개념 중 하나로도 이해된다. 각 개인의 충실한 일상생업 영위가 결국 사회와 국가의 건강한 유지발전으로 귀결된다라는 관점으로 보건대 역시 아리스토텔레스의 '덕(Virture)'이라는 개념과 상당부분 유사하다라고 판단된다. 이를 동기부여적 관점에서 보건대 자기 직분 내지는 신분에 적합한 행동들을 충실히 수행하여 사회·국가의 발전과 번영에 기여함이 온당하므로 역할의 상이함을 질적 충실도 지표 등의 평등한 가치로 환원하여 개인에게 동기부여시킨다는 기제가 드러난다고 생각한다. 공자나 아리스토텔레스가 활약하던 고대사회는 왕, 귀족, 평민, 그리고 하층 노예 내지는 천민들이 한 사회공동체 및 국가를 형성하여 수시로 외적(적국)의 침입 등을 방어해야 하는 상황이 반복되었다고 봐도 무방하다고 생각한다. 그러므로 현대와 같은 과학기술문명과 인본주의(휴머니즘)에 입각한 다수의 민주공화정체 국가 국민들의 직분개념과는 현격하게 차이나는 국가사회 구조가 역시 상이한 의식이나 동기부여 기제로써 운영되었다고 이해된다. 그래서 계층적 신분제 사회구조 내에서 자신의 역할에 성실하게 임하라는 윤리의무적 억제와 이를 자발적으로 긍정하여 스스로의 행동을 통제하는 동기부여 기제가 장려되어 작동되었다고 이해된다.

2. 양명학[74]상의 동기부여 등 관련개념 고찰

양명학을 창시한 왕양명(왕수인)은 중국 명나라 시대의 고명한 유학자로서 과거 급제 후 관료생활을 수행하는 한편, 많은 숙고를 통하여 기존 유학(주로는 주자의 성리학)상의 철학적 의문점들에 대한 대안을 제시하였다. 그리고 그는 문관임에도 지방에서 반란이 발생하면 진압군 사령관으로서도 많은 활약을 한바, 그의 다채로운 역량들을 보여준 사례들로 이해된다. 간략하게 그의 신유학으로서의 양명학 개념을 설명하자면, 실용적 인식개념으로서의 '良知[75]' 개념을 먼저 언급하게 된다. 그리고 그의 유학은 '심학(心學)'으로도 알려져 있다. 그런데 이와 관련하여 주자학과 양명학의 차이점을 설명할 때 흔히 유교경전 '대학' 내용 중 '격물치지(格物致知)'에 대한 해석방향을 예로 들곤 한다. 먼저 주자학에서는 이를 정공법적으로 이해하고 끊임없이 이치를 미세하게 파고든다는 방법론을 활용한다고 알려져 있다. 이에 반해 양명학에서는 객체(또는 외존재)에 대한 인식방법의 기초로서의 격물치지 개념을 끝까지 나누고 해체만 하지않고, 불필요한 개념은 버리고 필요하면 통합한다는 방법론을 언급한다. 그리고 사물의 이치를 이해하고 논리를 구성할 때 위 언급된 양지(良知) 개념의 사용을 제안한다. 그리하여 외부 존재물에 대한 태도가 분리(工夫-功究) 위주에서 일정 단계에서는 통합의 주체로서 마음의 '양지(良知)'를 활용하여 세계의 다단하고도 난해한 인식상의 문제들을 해결할 수 있다라고 주장한다. 양명학은 왕양명 사후 실용주의적인 중국인들 정체성의 일단을 형성한 것으로도 이해된다. 흔히 명나라 이래 중국의 상인들은 유상(儒商)으로 지칭되기도 하는데, 이때의 유(儒)는 유학(儒學)을 의미하고, 더 정확히는 양명학을 의미하는 것으로 이해된다. 여기에서 주목할 점은 이윤추구라는 동기부여 요소에 있어서 양명학의 양지 등의 논리구조는 이전 성리학과 달리 현실적으로 유용한 개념·지식들을 융통성 있게 포섭하였다고 보여진다. 그리하여 중국상인 내지는 일반 중국국민들을 포함한 양명학의 영향을 받은 유교권 국가 국민[76]들은 현세에서 지나치지만 않다면 윤리적 부담감 없이 이윤추구에 몰입하여 서구의 프로테스탄트(Protestant)(개신교)적인 자본주의 형성과정 및 결과와도 비견될 만한 경제적 성과를 거양하였다고 평가된다. 그리고 이의 영향인지에 대한 실증연구 결과는 뚜렷하게 나와 있지는 않지만, 명나라 중기부터 청나라 중하반기까지 중국은 사실상 세계에서 가장 부강한 나라였음이 여러 분석자료[77]상 드러난다.

3. 중국 등 유교·한자문화권 중심의 역사적 사례·검토

가 진나라의 고대중국 통일

1) 개요

진나라의 시황제는 춘추전국시대를 종결시키고 중국대륙을 전제왕정 제국으로서 통일시켰다. 진의 천하통일 직전인 전국시대 말기 진나라와 조나라와의 최후의 결전은 기록만이 아니라 실제 고고학적 유물을 통해서도 수십만명의 조나라 군대가 몰살되었던 사실(史實)[78]이 확인된다. 이러한 진나라의 중국통일 배경에는 우선은 강한 군대가 존재했음을 이해할 수 있다. 기나긴 춘추전국시대를 압도적인 전력과 전략으로 중국 전체를 통일한다는 말에는 쉽지않은 경과를 예상할 수 있다. 이때 순자와 한비자 등의 법가 사상으로부터 연원한 경영 및 군사통솔 기법들이 크게 역할하였다고 사마천의 사기 및 다수의 사서 등에 기록되어져 있다. 여기에서 본 서의 주제 중 하나인 군사(군인)들의 동기부여 내지는 사기(士氣) 등으로도 이해되는 동기부여(군인들이므로 '직업군인들의 헌신요인 및 충성논리' 정도로 이해하고자 한다) 구성요소들을 살펴보고자 한다. 필자의 판단으로는 전쟁 시 아군의 승리를 확신하는 정도로서의 士氣(사기)가 가장 중요하였다고 생각한다. 이에는 총사령관으로서의 군주 및 총사령부의 전략전술 역량과 군대조직 내 합리적으로 엄격한 군율 및 승리 시 공정하고도 넉넉한 분배(보상) 기준 및 실행양상들을 들 수 있겠다. 그리고 사서에는 잘 드러나지 않지만 1개 군사(인)로서 자발적이든 수동적이든 참전해야 하는 이유(필연성)에 대한 인식구조와 전사(戰死) 시 유족들에 대한 정신적·물질저 보상과 아울러 사후세계에 대한 자빌적으로 이해하였든 또는 설득된 내용이었든 긍정적인 이해논리가 동기부여에 영향을 주었을 것으로도 생각된다. 이하 분설하고자 한다.

2) 일반적인 사기(士氣) 제고(提高) 요인

위 개요부분에서 열거한 일반적인 사기제고 요인들을 살피건대 우선은 총사령관이자 군주였던 시황제를 평가하게 되는데, 그 이유는 우선 참전군인들의 지휘관에 대한 신뢰가 필요하기 때문이다. 일단 시황제는 탁월한 정복군주로서의 위용과 역량을 갖췄던 것으로 이해된다. 약관의 나이에 물론 선대로부터 다져진 국가적 바탕이 튼튼하기도 하였을 것이나, 나중에 국가의 원로이자 왕이 상담할 수 있는 멘토로서의 여불위마저 장기적 왕권 약화의 화근으로 판단하고 과감하게 자살시켰던 일화에서도 드러나듯이 군주의 위용제고를 위해서라면 무슨 일이든 단호히 처리할 수 있었던 자질이 출중했던 것으로 보인다. 그리고 유능한 군대 총사령부의 탁월한 전략 전술 역량은 진나라의 전통과 국민성 속에서 지속적으로 강화되었을 것으로 분석된다. 다음 두말할 것도 없이 해당 군대조직 내 합리적으로 엄격한 군율은 위 언급된 전통·국민성과 함께 법가사상의 엄격하고도 공정한 법 적용행태가 상당기간 축적되어 병사들의 왕을 위시한 지휘관에 대한 확고한 신뢰구조가 형성되었을 것으로 판단된다.

3) 군인 개인들의 참전 동기부여 요인

사실 진나라를 위시한 고대사회 국민들의 참전은 법정화(규정)된 의무로서 각자의 직업(주로는 농업 종사자였을 것으로 보인다)에 종사하다가 유사시 군인이 되어야 하는 둔전제 방식이 있었을 것으로 보인다. 한편 고대 및 중세 유럽에서 많이 보이는 직업군인으로서의 용병제식 군대 운용방식도 있었다고 보인다. 그런데 일단 농업종사자가 참전한 사례를 상정해보면 가족의 생계를 토지에 의탁하고 있었으므로 전쟁의 가장 큰 결과 중 하나인 영토 수호 내지는 확장은 그 반대의 경우를 생각한다면 자기만이 아니라 가장 내지는 가족 내 중요 역할자로서 일가의 생사가 달린 중대한 사안이었을 것이다. 영토에 대한 수호의식은 반드시 동일하지 않을 수는 있지만 아프리카 침팬지 무리에 대한 장기적인 현장연구[79]들을 통하여 인류의 수백만년 전 유인원시절부터 발현되어 온 일종의 무의식적 본능으로도 이해된다. 물론 이와 같은 영토수호 본능은 사자를 비롯한 대부분의 육식종들로부터도 일반적으로 관찰되는 바이기는 하다. 그럼에도 침팬지들의 무리 간 살육전(이를 전쟁의 초기행태로 이해해도 될지에는 많은 논란이 있을 수 있을 것으로는 판단된다)들이 많든 적든 시사(示唆)하는 바는 인간의 군대와 유사한 속성과 또한 인간의 전쟁수행 형태 등과 관련된 특징들이 관찰된다는 점일 것이다. 그리고 아와 같은 집단적이고도 전술유사적 조직활동들을 토대로 추정하건대, 인간의 영토보호 본능의 뿌리는 매우 깊은 것으로 이해된다. 이런 관점에서 진나라의 중국통일 위업에는 시황제의 리더십과 함께 진나라 군인들의 강한 동기부여 요인들이 기초를 이루었을 것으로 판단된다.

나 군사들에 대한 동기부여 관점에서의 군주의 위상

1) 한무제 사례

전한의 한무제는 중국사에서 그의 사후 1,800여 년 후 등장하는 만주족 혈통[80]의 청나라 강희제, 건륭제를 제외하고는 가장 재위기간이 길었던 군주였다. 그리고 그 이전이나 이후로도 최장기간 재위한 한족혈통 왕으로서 끊임없이 영토를 확장하려고 노력하여 당나라 태종과 명나라 영락제 등 외에는 이례적이었다고 평가된다. 위 잠시 언급된 이민족 출신 장기재위(長期在位) 황제들도 끊임없이 영토확장 전쟁을 진행한 바 있었다. 군사동원 사례 중에는 내부반란 진압이나 외국의 침입에 대한 국토수호 전쟁도 있었다. 그러나 한무제는 단순한 영토보존만이 아니라 이러한 군사적 개입 필요상황을 기화로 인접국 정복도 병행했다. 한무제가 의욕적인 영토확장에 나섰던 사례는 후대 당태종이나 이민족 출신 중국황제들에게 하나의 뚜렷한 선례를 만든 것으로 보인다.

사실 영토확장에 의욕적인 장기재위 군주들은 재위기간 내 국민들을 군대에 장기복무하도록 강제하기도 하였고, 군대 비복무자들은 군수물자를 조달하게 만들면서 일부 역사가들로부터 혹평을 받기도 한다. 그러나 동원된 군사들은 원정참전의 수고로움에도 불구하고 적절하고도 예측가능한 보상이 이루어지는 경우 오히려 강력하게 외부적·내부적으로 동기부여되는 것으로 판단된다. 이 부분 한무제는 재위기간 중 의욕적이면서도 늘 군사들에게 일체감을 주는 리더십을 보여줬다고 생각된다.

2) 장기재위 군주들 비교

위 한무제와 같이 장기재위 중 정복전쟁 등의 군사동원에 과감했던 군주라면 근세 서유럽에서는 프랑스의 루이14세가 언급될 수 있겠고, 중국에서는 이민족 황제를 제외할 때 한족출신 당왕조의 당태종이 그런 행적을 보여주었다고 판단된다. 여기에서 역사가들의 지적대로 장기간 국민들을 힘들게 하고, 주변국들을 긴장시킨 점들로 인해 국가를 존망의 위기로 끌고 갔느냐에 대하여는 반론의 여지가 많다고 생각하는데, 개인적으로는 반드시 그렇지는 않았을 것으로 판단됨을 밝히고자 한다. 심지어 당태종의 경우에 중국 역사가들은 그의 통치기간을 '정관의 치'라고 지칭하면서 그를 중국사 최고의 성군으로 평가하곤 한다. 사실 따지고 보면 그는 고구려를 정복하기 위해 국민들을 힘들게 하였고, 많은 인명손실과 군수물자 공급으로 국가경제를 흔든 점을 상기하게 된다. 그리고 두차례의 고구려 원정은 모두 처절한 실패로 끝났다. 그러나 당왕조는 당태종 집권 이후 2백여 년간 경제문화·국제정치적 주도력 유지 등 국가 융성도를 평가하는 지표상 한 국가의 '번성·번영'과 관련한 뚜렷한 성과를 드러냈다고 생각한다. 루이14세도 몇 년전 작고한 엘리자베스1세 영국여왕 이전까지는 유럽 최장 72년의 장기재위 국왕으로서 역사가들은 그를 '태양왕'으로 지칭하곤 한다. 그리고 절대권력의 화신이자 그만한 역량을 갖춘 군주로도 평가된다. 루이14세의 유례가 없는 장기 재위기간은 심지어 그의 왕위후계자였던 루이15세가 그의 증손자였다라는 점으로도 확인된다. 역사가들은 루이14세와 루이15세의 방탕한 국가재정 낭비 등이 결국은 프랑스 시민혁명으로 이어져 부르봉왕조의 붕괴로 이어졌다는 식의 그야말로 '결과론적' 평가를 쉽게 내리는 경향도 있는 것 같다. 물론 그런 측면이 없지는 않았을 것으로도 보이나, 증조할아버지인 루이14세 만큼은 아니더라도 루이15세도 59년에 달하는 장기 재위기간 내 프랑스는 유럽의 확고한 강대국으로서의 위상 유지 및 국가 내 정치적 평형상태 유도 등의 성공적인 통치를 입증하는 지표들이 늘 드러난다고 생각한다. 그런 점에서 루이15세를 무능한 군주로 일방 폄하하는 것은 지양하여야 한다고 생각한다. 물론 루이15세도 그의 손자였던 다음 왕위 계승자 루이16세의 군주로서는 심각한 역량상의 결함을 미리 통찰하지 못하고 다른 자손에게 후계자 자리를 넘겨주지 못한 과실은 존재한다. 그러나 어느 왕조이든 후계자 선정에는 늘 어려움이 따르므로 이는 일종의 '운'으로 간주하지 않을 수 없는 측면도 다분하다고 생각한다. 그리고 루이16세의 군주로서의 결함은 꼭 위기상황에 주로 현시되어 사전에 왕위 후계자를 선정하는 데에 따르는 어려움을 이해하게 만든다고 생각한다. 여기에서 루이15세의 수많은 일화 중 그의 운이 드러나는 사례 중 하나를 보자면 루이15세가 5살에 제위에 올랐을 때 당시 왕실 내 유력한 실력자였던 루이15세 할아버지의 사촌 오를레앙 공작 필리프 2세[81]가 섭정으로서 권력을 전횡하였던 사실을 들곤 한다. 그러나 오를레앙 공작은 결국 루이15세의 성년기(친정시기) 즈음하여 사망하였다. 오를레앙 공작은 섭정 당시 마음만 먹었다면 얼마든지 루이15세를 살해하거나 폐위시킬 수 있었으나, 그렇게 하지 않았다. 그리고 당시 수많은 왕실 종친들의 생명을 앗아갔던 천연두 등의 유행병들에 루이15세가 이환되었다는 기록도 없어 그는 재위기간 내내 건강을 유지한 사실도 드러난다. 이 점도 물론 결과론적이기는 하나, 일단 그는 '매우 강한 군주의 운'을 가지고 있었던 것으로 보여진다. 한편, 청나라 강희제의 손자였던 건륭제도 운이라는 측면에서 상당한 유사성을 보여준다고 기록상 나타난다. 관련사례 하나를 언급하자면 할아버지 강희제와의 정례 사냥 시 어린 왕손 아이신쥐뤄 홍력 [82](나중의 건륭제)은 곰의 습격을 받고도 무사히 살아남아 강희제의 눈에 띄었었다고 기록되어져 있다. 당시 강희제에게는 수많은 왕위계승 자손들이 즐비하였던바, 운이 따르는 손자 홍력에 대한 깊은 인상은 그의 사후 왕위계승과 관련한 유조[83]에도 영향을 주었을 것으로 보인다. 홍력 건륭제의 운은 이만이 아니어서 그의 부왕 옹정제는 건강을 해쳐가면서 국가의 기강확립·유지와 건전한 재정 형성·확충을 위하여 그야말로 '불철주야' 진력하다가 건륭제 나이 25세에 사망하게 된다. 적당히 젊은 나이에 즉위한 건륭제는 그 후 80대 후반까지 건강을 유지하면서 강희제와 같이 60여 년의 재위기간을 유지했다. 그러므로 루이15세와 마찬가지로 건륭제에게서도 '매우 강한 군주의 운'이 나타났음이 확인된다고 생각한다. 여기에서 한 가지 더 언급하고자 하는 점은 루이15세가 1710년생으로서 건륭제보다는 단지 한 살만 많아 둘은 거의 동년배로 볼 수 있겠다는 점이다. 그런데 군주로서의 위엄을 보유하면서 오랜기간 통치한 양상마저도 동서양에서 거의 동시에 유사성을 보여주어 세계사에 드문 사례를 남겼다고 생각한다.

3) 장기재위 군주들의 군사들에 대한 동기부여상의 영향

위 언급된 군주들은 다년간의 재위기간 중 많은 국제적 군사원정을 감행한 공통점과 강한 운을 보여주었는데, 이는 휘하 군사들의 적극적인 참전을 부추기는 동기부여 요소 중 하나일 수도 있다고 판단된다. 군사들에게는 지휘관에 대한 신뢰와 신망이 동기부여 요소로서 무엇보다 중요할 것인데, 이에는 지휘군주의 군사기술적 역량과 경험이 우선 기본이 될 것이다. 그리고 군주에 대한 친근한 감정도 거론될 수 있는데, 이에는 해당 군주의 계산되었거나 인상적인 애착유도 행위들이 반복되어 구축된 튼튼한 상징구조도 있을 수 있다고 생각한다. 한마디로 군주는 연출된 상징성 있는

'쇼'나 과장된 연기에도 능해야 한다는 말이다. 이를 잘했던 군주라면 한무제와 루이14세, 프로이센의 프리트리히대제 등을 꼽을 수 있다고 생각한다. 이를 통하여 휘하 군사들은 지휘관과 일체감을 형성하는데. 그렇더라도 실전에서의 승전을 지휘할 수 있는 실제역량이 우선적임을 강조하고자 한다. 군사들로서는 목숨을 받쳐 참전하는데, 전략전술 역량이 약한 지휘 군주 밑에서는 승전에 대한 확신이 약하여 당연히 자발적 동기부여 강도도 낮을 수밖에 없음이 당연해 보인다. 그래서 2차 세계대전 말기 일본군에게는 미군과의 전투시 아군의 피해는 최소화하고 미군의 피해는 과장되게 선전하는 정도가 과했다 한다. 한마디로 어떤 전쟁지휘부이건 거짓 승전보라도 알려 군사들의 동기부여 기제를 강화하려 시도하는 행태는 세계 전쟁사 내내 많든 적든 존재해왔다고 생각한다. 그러나 그 정도가 지나쳐서는 곤란할 것임은 태평양 전쟁 당시 일본의 사례들이 알려줄 수 있다고 생각한다.

그리고 장기재위 군주들은 일단은 군사들에게 안정적인 인상을 줄 수 있으므로 재위경력이 일천한 군주보다는 유리할 것으로 보여진다. 그리고 장기재위가 가능하다는 의미는 역으로 건강과 운, 외적과의 승전이력 등을 간접적으로 입증하기도 하므로, 결과론적인 동기부여 기제의 구조를 형성하기에 용이하다고도 이해된다.

다 중국 삼국지 기록들로부터 얻게되는 동기부여 관점 상의 시사점

1) 삼국지연의[84]의 영향력

삼국지연의가 실제의 역사적 사실과는 상당히 동떨어진 허구가 많이 삽입되었다는 비판은 주지의 사실일 것이다. 그러나 그렇다고 삼국지연의의 역할이 막연히 폄하되거나 과소평가되어서는 안될 것으로도 생각한다. 즉 삼국지연의가 중국 후한말 여러 영웅들의 활약사들은 대부분 史實에 근거하므로 이야기의 재미나 작자인 나관중의 선호 및 긴 시간 민중 사이에서 구전되어 변형된 야담 등에 의해 일부내용에 첨삭가감이 있었을 수는 있다고 본다. 그럼에도 삼국지연의라는 흥미로운 이야기는 역사적 사실의 부각을 통하여 역사에 대한 관심도를 고양시켰고, 또 독자들에게 교훈적 대리경험 등의 순기능도 무시할 수 없다는 생각이 든다. 다시말해 특히 중국에서는 우리나라의 판소리와 같이 삼국지연의 내 여러 극적 상황들은 중국 수도의 경극이나 지방마다의 다양한 지방극 및 1인 구전공연 등의 전통적 민중 공연예술 속에 융해되어 민중들의 집단 무의식을 형성·발전시키고 있음을 먼저 말하게 된다. 이어 등장인물 중 특히 관우에 대한 신격화 및 민간신앙 정착, 삼국지 격전지나 다양한 인물들에 대한 사당 건립 및 배향, 현대에 들어와서의 영화나 TV 시대극 다수제작 및 방영, 온라인게임 캐릭터화 및 게임출시 등 지속적으로 그 인기가 유지되고 있음도 언급하게 된다. 그야말로 현재진행형인 인기몰이가 삼국지연의 출간 이전부터 시작은 되었지만, 특히 삼국지연의 이후 인기가 한층 고조되어 500여 년 지속되고 있다. 이를 과소평가할 수는 없다는 말이다. 다만, 나관중의 취향에 따라 진수의 삼국지 정사와는 차이가 많이나는 인물 평가 및 사건왜곡 등에 대한 비판은 연의 출간 이후부터 지금까지 논란이 되고 있음도 사실이다.

2) 제갈량의 북벌

제갈량은 특히 나관중의 삼국지연의를 통해서 매우 잘 알려져 있다. 유비의 삼고초려나 유선에게 올린 출사표, 죽은 공명이 산 사마의를 이겼다는 일화 등은 한자문화권 내 사람들에게는 잘 알려진 이야기들이다. 그럼에도 결국 삼국지연의 내 서사상 제갈량의 불운에 애석해하는 언급들은 있으나, 그로 인해 결국 조조·조비. 그리고 사마의의 역량적 우월성을 반증하는 서사가 등장할 수도 있었을 듯 하기도 하다. 그러나 실제에서는 그렇지 못했음을 언급하게 된다. 다시말해 나관중이 애석해하는 정도야 개인적 취향이라고 한다면, 제갈량의 북벌 당시 실제 삼국통일의 가능성 내지는 주도권 장악의 양상은 일단 위나라에 있었다는 주장이 다수설일 것으로 판단된다. 여기에서 중요한 점은 제갈량의 무리한 북벌 공세에 있었다고 본다. 손자의 '知彼知己(지피지기)'라는 전쟁 시 기본 전제가 제대로 준수되었는지 의심스럽다. 우리나라에도 이순신 장군과 선조와의 일화가 유명하기는 하나, 전쟁의 최종목표는 어디까지나 승리에 있으므로 군사상의 공세결정은 신중하여야 할 것이다. 이순신 장군은 선조의 왜군 격퇴명령을 수차례 묵살하면서 선조의 노여움을 샀다. 전제왕조 군왕의 명령은 가벼이 기각할 사안이 아니나, 이순신 장군은 왜군의 공격력 내지는 작전적 역량을 가벼이 여기지 않았던 것이다. 이에 비해 제갈량은 출사표 내 유비에의 맹세에 기속되어(매여) 이순신의 예와는 달리 성급하게 북벌을 단행하고 말았고, 그 진행방법도 철저하지 못한 점이 많았다고 보여진다, 이어 그는 위나라 군대의 사령관이 천하 최고의 인내력을 지닌 사마의라는 사실도 간과한 점이 있었다고 본다. 특히, 오장원에서의 위촉 군사 대치 시에는 사마의의 신중한 군사동원 방법에 초조함을 느꼈을 것으로 보인다. 이때 주목하고 싶은 점은 군사들의 동기부여 양상추이이다.

사실 고대의 전쟁 관련 史書들은 거의 예외없이 군주나 지휘장군들의 역량에 초점을 두고 있다고 본다. 그러나 간헐적으로는 전쟁 시 일반 군사들에 대한 보급의 중요성도 언급된다. 이는 다른 말로 '사기제고(士氣提高)' 노력의 중요성일 것인데, 주로는 군사들의 수동적 정체성에 초점을 두는 것으로 보인다. 그러나 본 서에서는 일반 행위자들의 자발적인 동기부여 요인 또는 도그마적 준칙 수용성에 우선 초점을 두려한다. 그러므로 '사기충천(士氣衝天)'의 요인들에는 무엇들이 있을지 고찰하고자 한다는 취지를 염두에 둔다면, 본 일화에서는 위나라 군사들과 촉나라 군사들의 행태에 얼마나 차이가 있었을지도 관심사다. 작은 결론으로서 제갈량의 북벌은 사마의라는 적 지휘관의 역량에 현저히 못미친 제갈량의 역량부족으로 실패하였다고 판단된다. 그리고 뒤이은 촉의 멸망까지는 상당한 시간이 흘렀지만, 결국 사마의의 역량과 함께 장수(長壽)라는 운도 따라줘 그의 둘째 아들 사마소가 사마의의 사후 12년 후 촉한멸망의 위업을 달성하게 된다. 그런데 사마의의 지휘 아래 그의 군사들은 승전에 대한 믿음이라는 군사들에게 있어서는 가장 강력한 동기부여 요소를 사마의가 충실하고도 굳건하게 심어주었던 것으로 이해된다. 그러므로 고래로부터 역량있는 지휘관이나 군주의 존재는 참전군인들에게는 그 무엇보다 큰 동기부여 요소로 판단하게 된다.

사마의(司馬懿)[85]

사마의는 조조 생전 그의 시하에서 거의 평생 은인자중(隱忍自重)의 신중한 자세를 보여준 바 있었다. 그리고 사서에서는 크게 두 번 거짓 병환상황들을 기가 막히게 연기하였다. 한번은 조조의 입관(入官) 등용명령을 병을 핑계로 거절하면서 지독한 중풍환자 연기를 한 것이었고, 둘째는 본 고평릉 사건 직전에 다시 치매환자로 연기한 일화이다. 이러한 점들에서 대체로 사미의의 인생은 심모원려의 연속이었음이 분명해 보인다. 고평릉 사건은 정사 진수의 삼국지와 나관중의 삼국지연의 등에 자세히 기록되어 있어 익히 알려져 있지만, 여기에서 주목할 바는 사마의의 큰아들 사마사가 은밀하게 동원한 상당수 사병들의 사기 유지(士氣 維持) 및 거사 시 휘하 군사들이 일사불란하게 각자의 역할을 빈틈없이 수행했다는 사실이다. 거사에 동참한 군사들이야 평소 사마의·사마사 부자의 사병으로서 자기 정체성을 가졌겠지만, 문제는 황제 조방과 실세 정치세력이었던 조상 일당의 감시하에서 상당수 정예병력들이 자신의 소속을 드러내지 않으면서도 필요시 신속하게 정병의 역할을 할 수 있었느냐였을 것으로 보인다. 그런데 그들 사병 수천명들은 정확하게 이 역할을 수행하여 역사의 한 획을 그을 수 있었다. 어러 사가들은 사마의를 견세했넌 소상의 우유부단함 능을 늘어 조상이 조금만 현명했다면 사마의의 정권획득이 어려웠을 수도 있었다는 가설들을 제기하기도 한다. 이에 비하여 프랑스 혁명 당시 루이 16세는 1792년경 도저히 있을 수 없는 오판과 치명적인 행동들을 지속적으로 자행하여 자기와 부인의 목숨도 부지하게 하지 못했던 사례도 있음을 상기하게 된다. 즉 1,500여 년의 기간을 돌려봐도 조상의 사례가 역사에서 반복되었음은 물론, 미래 인류사가 더 지속될 때에도 끊임없이 반복될 행태가 될 것으로 예견된다. '좋은 게 좋은 거다'라는 식의 안일(安逸)한 사고방식은 일면 새로운 역사 시대의 개막을 여는 역할도 하곤 하나, 그와같은 사고방식의 소유자는 역사의 제물로 오명을 뒤집어 쓰게됨을 역사는 간헐적으로 보여주고 있다고 생각한다. 다시 사마의의 사병 이야기로 돌아와 그들이 그 어려운 보안유지와 유사시 신속한 집결 및 무엇보다 거사 시 정병(精兵)으로서 강력한 전투력 유지 역할을 확행한 데 대해 높이 평가하고 싶다. 여기에는 무엇보다 그 사병들의 수장이었던 사마의·사마사 부자의 역량을 언급하지 않을 수 없다고 생각한다. 특히 사마의의 군사적 공적들을 살펴보건대 위나라 조조의 말년과 그의 사후 아들 조비, 손자 조예 통치시대에 사실상 위나라의 국가적 명운을 지켜냈다고 말해도 과언이 아니라고 생각한다. 우리나라로 치면 임진왜란 당시 이순신 장군의 공로와도 비견된다고 판단된다. 바로 이와 같은 사마의의 명성과 실전경험을 통한 군사 통솔역량 등이 종합적으로 작용되어 사마의 부자의 사병들이 고평릉 거사 시 강력하게 자발적으로 동기부여(사기충천)되었을 것이라고 판단된다. 이와 동시에 사마의의 사병들은 나름의 도덕상·명분상의 숭고성까지 내면화시켜 공존지향이라는 개념과는 약간은 상이하나 조상 등의 제압대상 집단보다는 질적·양적으로 우위의 동기부여 상태를 유지하였다고 판단된다. 여기에서 도덕 내지는 명분상의 우위 확신은 동기부여라는 관점에서 마키아벨리가 말하는 '시대정신'을 실천 내지는 공유하고 있다는 확신으로도 여겨진다.

4) 사마의의 차남 사마소의 위나라 황제 조모[86] 시해사건

사마소는 사마의의 차남으로서 사마의의 적장자였던 사마사가 너무 일찍 요절하여 물론 역량은 형만큼 출중하였으나, 얼떨결에 위나라의 실세권력을 물려받게 되었다. 그럼에도 부친 생존 시부터 형 사마사와 함께 국가경영 및 군사동원 기법들과 전쟁 시 전략·전술 기량들을 충실히 배양하여 무난하게 군사적 대권을 행사할 수 있는 역량을 갖추게 되었던 것으로 평가받는다. 그리하여 사마소 사후 그의 아들 사마염은 최종적으로 삼국(중국)

을 통일한 후 공식적으로 서진을 건국할 수 있었다. 그럼에도 서진은 역대 중국 통일왕조 중 수나라와 함께 단기간 내 몰락한 왕조이기도 했다. 즉 왕조 멸망 시까지 끊임없는 왕조 내 분란과 골육상쟁의 내전이 계속 이어졌고, 외래민족들의 중원 침략 및 지방을 차지한 이민족 왕조들의 교체가 반복되었다. 이는 또한 5호16국 시대로도 지칭되는 시대의 서막이기도 했다. 이러한 혼란의 시대는 6세기 수·당 왕조 건국 때까지 이어지는데, 중국 한족의 입장에서는 금·원·청나라 등의 수치스러웠던 이민족 통치시기와 함께 5호16국시대(서기 304년~서기 439년)야말로 중국 자체의 위세가 추락한 후 회복조차도 요원했던 130여 년의 긴 암흑기 자체였다고 봐도 무방해 보인다. 그렇다면 왜 서진과 같은 왕조가 수립되었는지에 대하여 서진의 지식층, 일반국민, 그리고 국가를 지탱하는 직접적 지주로서의 군사들의 동기부여 요인들을 중심으로 들여다 볼 필요를 느끼게 된다. 여기에서 중요한 일화는 사마소가 위나라 황제 조모를 백주에 시해한 사건인데, 만약 사마의가 죽지않고 사마소의 역할을 했다면 예의 그 신중함과 심모원려의 조치가 내려졌을 것으로 판단된다. 중국과 우리나라를 포함하여 유교·한자문화권 동아시아국가들에 있어서 하나의 왕조가 교체되기까지에는 수많은 요인들과 우연한 계기들이 다층적으로 구조를 이룬다고 보여진다. 그리고 새로운 왕조에게는 다수 국민들에게 왕조교체가 필연적이었다고 여겨지도록 새로운 왕조 건업의 정당성 설득노력이 필수적이었을 것이라고 생각한다. 다시말해 국민들의 동의 내지는 승인절차의 중요성일 터이다. 플라톤은 그의 국가론에서 소위 참주제[87]를 가장 저열한 통치형태로 극혐하였는데, 무리하게 절차나 명분 내지는 정당성이 없는 무력집권 및 동의되지 않는 무단 통치행태를 비판한 것으로 이해된다. 결론적으로 말해서 사마소는 이 부분 큰 과오를 범하였다고 보여진다. 부친 사마의는 물론 부친이 섬겼던 조조, 조비라면 절대 하지 않았을 전 왕조의 황제 시해라는 엄청난 만행을 저질렀던 것이다. 조금 비약일 수는 있지만, 이후 서진은 끊임없는 왕조 정통성에 대한 국민들의 비난과 경멸을 받게 되었다고 생각한다. 그리고 이러한 국민들의 동요 등이 원인이 되어 당시 중국은 집권왕조 내 골육상쟁의 왕권 쟁탈전과 왕조 몰락 이후에는 이민족 정복왕조의 침탈에 몇백 년간 시달리게 되었다고 본다. 즉 사마소는 한마디로 금기를 건드렸던 것인데, 이후 후대 중국 왕조들이나 이민족 왕조에서도 전 왕조의 재위상태에 있는 왕의 시해는 서진을 제외한다면 공공연하게 자행되지는 않았다고 사서에 기록되어 있다. 원나라 집권과정 당시는 당대를 넘어서는 최강의 세계제국을 건설하였고, 또 정복행태가 무자비하기로 유명했던 몽골제국이었기에 예외로 간주되기는 한다. 그러나 중국 한족 왕조 집권시기에도 국헌문란적 통치상황은 간헐적으로 등장하기는 하였다. 특히 명나라에서 전제왕조 국가의 왕이 아닌 환관들에 의해 유사 참주제적 왕권무력화 행태가 반복 재연되기도 하였던 것으로 보여진다. 그럼에도 대놓고는 왕의 권위가 뭉개지는 일은 거의 없었다고 판단된다. 명나라 얘기를 조금 더 계속하건대 3대 황제 주체가 조카의 황위를 찬탈한 사실은 있었으나, 황위찬탈 내전 이후에는 많은 노력을 기울여 황위계승의 정당성을 설득하려 했었음을 알 수 있다. 심지어는 선황이었던 조카 건문제의 사후처리와 관련하여 사서에는 모호한 증발로 기록되어 있어 실제는 어땠는지 모르나, 영락제의 집권 후 대국민 설득노력의 일환으로도 이해된다. 다만, 이와 같은 왕조 내 왕위찬탈 사례들은 심심치 않게 사서에 등장하기는 하는바, 왕조교체가 재위 중인 왕의 척살이 계기가 된 사례는 극히 드문 것으로 보인다. 그런데 그 사례가 사마소에 의하여 자행되었음에, 이후 서진은 50여 년 유지된 왕조 집권기 내내 명분없는 참주제적 또는 이에 더해 패륜적·골육상쟁적 왕위찬탈 시도가 반복되었다. 이는 참주제적 정권취득 방법들이 국민들의 집권 왕조에 대한 정당성 거부를 넘어 왕조 내부의 권력획득 시 사실상 승인되는 규칙(게임의 규칙)으로까지 격상된 어처구니없는 史實이 되고 말았던 것으로 분석된다.

이후 서진의 사례를 교훈삼아 수당대 이래 중국의 통일왕조들은 왕조 개업과 전제통치의 정당성을 국민들에게 설득하려 많은 노력을 기울였음이 드러난다. 물론 이에는 여러 기법들이 활용될 수 있었을 것인데, 특히 수당 교체기에 이전 왕조의 부도덕함과 무능성들을 강조하면서 왕조교체와 관련한 천명의 필연성을 국민들에게 각인시켰던 것으로 이해된다. 이러한 노력과 명분 쌓기는 국민들과 군사들에게 새로운 왕조나 지휘관들에 대한 충성을 다하게 하는 동기부여 기제로서도 작동되었을 것으로 이해된다.

4. 일본의 동기부여 구조

가 일본의 신도(神道)[88]

일본신도는 일본의 전통 신앙형태를 총칭한다. 수많은 전국 각지의 신앙의 대상들을 가미(神)사마로 지정하고는 신사라는 종교시설(건축물과 그 안의 신위 및 주위 조경수풀 등을 경내로 지정하여 신성하게 보호한다) 내에 신위들을 안치한다. 그리고 일반 신자들은 일본 내 수만개소의 신사 내 수백만의 다양한 신(가미사마)들을 모시고는 신앙의 대상으로 삼는다. 좀 더 상설하면, 신자들은 신사 경내에 신위를 안치하고 공물과 헌금 등을 봉납(奉納)[89]하면서 다양한 소원성취를 기도한다. 여기에서 주목할 부분은 '수많은' 신(神)들을 각기 다른 형태와 역할로 지정하여 신앙의 대상으로서 그 신성을 인정하여 신성시한다는 점이라고 보여진다. 그래서 일본신도는 다신교 및 토테미즘[90]적 성격이 강하다고 이해된다. 그럼에도 일본 근대 명치시대에 국가가 개입하여 일종의 종교적 통일성을 구축하였다는 연구분석 내용이 다수 존재하는바, 이러한 통일성이 종래부터 자연적으로 형성되어 있었다는 견해[91]도 있다. 여기에서 제기되는 착안점은 인도 힌두교와의 종교구조상의 유사성일 수 있는데, 다신교이면서 동일하지는 않지만 '느슨한' 教儀(교의)나 教理(교리)상의 일종의 통일성이 공통적으로 발견되기 때문이다. 그러나 그 두가지만 뺀다면, 질적 상이성은 현저할 것으로도 판단된다. 사실 교리적 통일성은 힌두교가 더 엄격해 보인다. 무엇보다 베다나 우파니샤드, 기타와 같은 경전들이 힌두교에는 존재하나 일본의 신도에는 통합경전이 뚜렷이는 존재하지 않는 점도 차이점으로 보여진다.

그런데 여기에서 중요한 점은 다양한 실존인물들의 사후 내지는 현세에서의 신격화라고 보이는데, 일본의 야스쿠니신사나 도조궁, 명치신궁 등은 대표적인 현존했던 인물들의 사후 신격화 사례일 것이다, 이 부분이 본서의 주제인 역사상의 동기부여의 구조나 형태로 번역·해석할 때 일본의 2차 세계대전 당시 상당수 이상의 소위 카미카제 특공대원들 중 일부의 자살공격 결심의 배후에 사후 신격화에 대한 어떤 신념이 존재했음을 부인하기 어려워 보인다. 이 점 군사들의 사기나 전쟁임무 수행 시 동기부여 요소로서 기능했을 것으로 보여진다.

나 불교[92]의 영향

일본의 불교가 일본인들의 정신세계에 잘 자리잡는 데에는 홍법대사[93]의 역할이 컸다고 전해진다. 이런 와중에 일본에 수입된 불교는 기존의 전통종교인 일본신도와 융화가 이루어지면서 일본인들의 종교관에 '윤회'라는 개념이 수용되었던 것으로 이해된다. 이 부분 일본신도와 불교(특히는 대승불교) 사이에 논리적 모순이 야기될 수도 있다는 생각이 든다. 즉 일본신도상의 신격화 대상인 가미사마(신)는 많은 수가 사후 가미사마로 승격되어 신들의 세계에서 영생하는 존재로 이해된다. 그리고 그들은 사람들로부터의 물심양면의 공양(봉납)을 향유하는 주체이자, 상당한 초자연적 영향력을 행사한다고 숭앙되는 주체로서도 신자들에게 인식된다. 그런데 일반인들에게는 사후 일본신도 개념상의 가미사마(신)로의 승화와 불교로부터 수입된 종교개념인 '해탈'의 주체로서 부처로의 자리매김 중 개념구분 내지는 양자택일 필요해질 수 있다고 보인다. 그런데 일본에서는 일종의 매뉴얼적 절차위주의 개념들을 국민들이 일단은 무비판적으로 받아들여 체화시키도록 하는 '와(和)[94]'의 개념이 존재하는 것으로 보여진다. 이에 따라 전통 신앙개념과 수입된 불교 신앙개념과의 모순을 크게는 비판적으로 취사선택하지 않은 채 각 종교의 용도상의 장점을 살린다는 취지로 일상에 융화시켰던 것으로 판단된다. 그런 점에서 일본인들은 일반인들의 일생에 있어 주요 시기 즉, 탄생, 신년하례 시, 입시 · 입사 · 연애 · 사업 창업 시 등 필요 시마다 신사를 방문하여 봉납 등을 통하여 무사 · 발전 · 소원성취 등을 기원한다. 그럼에도 이와는 별도로 절도 수시로 방문하여 다른 의미의 소원을 기원하곤 하고, 무엇보다 장례의식은 불교식으로 마무리하는 것이 대다수 일본인들의 관례적 전통의식으로 이해된다. 그래서 불교는 천오백여 년 이상 일본의 전통에 착근되어 불교 교리와 일본신도와의 동거에 성공했다고 보여진다. 그렇다면 본서의 주제로 돌아와서 특히 일본에서 불교가 일반직업인들과 군인들에게 동기부여 요소로서 작동한 부분은 무엇이었는지 살펴보게 된다. 이에는 우선 다소 모순은 있더라도 '공덕쌓기'를 통하여 '다음 생'에서의 '윤회적 승진'을 위한 현업에의 몰두정진에 역할을 하였다고 보고 싶다. 그리고 이는 신으로 승격될 수도 있다는 내용의 동기부여가 가능한 신도에 기반한 동기부여 기제와는 조금은 양상이 다른 동기부여 기제 내용으로서 이해 가능하다고 생각된다. 즉 현업 전장에서 적군을 제압하고 이겨야 하는 임무를 수행하게 된다면, 스스로 현세의 윤회적 숙명(임무)이 그러한 것으로 받아들여 이러한 소임들을 충실히 완수할 때 다음 생에서 윤회적 승급이 가능할 수 있다는 논리가 자발적 동기부여 기제로 활용되었을 개연성을 언급하게 된다.

[인도에서 불교의 쇠퇴]

　불교의 교리라면 이후 여러 경전을 통해서 많은 해석론들이 등장하지만, 일단 불교 초창기에 석가모니는 연기론과 무아론을 주장하였다고 전해진다. 그리고 해당 교리 중 연기론은 우파니샤드 개념을 채택하였고, 무아론은 또 우파니샤드의 '참나(아트만)'의 개념을 부정했다는 주장[95]도 있다. 이후 불교는 인도 마우리아왕조 시대에 아쇼카 대왕에 의해 국교로까지 승격된다. 그런데 이후 불교는 힌두교(브라흐만교)의 여러 신들 중 일부를 보살개념으로 채용·수용하여 초기불교에서 잘 언급되지 않았던 기복적 교리들을 신자들에게 설파하였다. 그러자 인도인들의 인식에는 이후 공격적으로 교리를 재정비하고 포교하던 힌두교와 교리상의 차이가 별로 없는 듯 느껴졌을 것으로 이해된다. 더구나 불교신자들은 교리상의 애매한 간극, 즉 누구나 카르마의 굴레(윤회)로부터 벗어날 수 있다는 지극히 개인적 구원으로서의 해탈개념과 힌두교적 단계적 윤회논리 사이에서 혼란을 겪었을 것으로도 보인다. 그런데 다시 대두된 새로운 힌두교의 교리는 심지어 불교의 교조인 석가모니마저 현생을 주관하는 주신인 비슈누신의 주기적 환생자 중 하나로서 교리에 포함시키는 포용성마저 보여주었다. 이에 점차 인도인들은 구원을 위해 생업을 포기하고 출가하여 수도에 몰두해야 한다는 원 불교교리에 대하여 부담감을 느끼게 되는데 비해 일단 생업을 유지하면서도 구원(힌두교에서는 '모크샤'로 지칭되고, 불교에서는 '니르바나'로 지칭되는바, 두 개념은 다소 상이한 것으로 해석된다. 즉 모크샤는 자아 또는 '참나(아트만)'와 우주의 총체적 정신실체인 '브라흐만'과의 합일상태로서의 해탈을 의미하나, 니르바나는 무아(無我)의 상태가 되어 번뇌가 소멸됨을 의미하는 것으로 해석된다. 그럼에도 두 개념 모두는 윤회로부터의 탈출 내지는 해방으로 이해됨은 동일한 것으로 보여진다)이 가능하다는 힌두교리가 더 매력적으로 다가왔을 것으로 보여진다[96]. 이후 인도 내 이러한 변화기류를 극복하고자 불교는 1세기경부터 동방으로의 포교에 진력하였고, 동남아시아의 상좌부불교와 동북아시아의 대승불교로 분리되어 현재까지 천여 년 넘게 교세를 지속하고 있는 것으로 보여진다.

　이에 더해 인도대륙 북서부지방에는 8세기경부터 이슬람교가 전파되어

다 신불습합(神佛習合)[98]과 메이지 시대의 신-불(神-佛)분리정책

메이지 유신 당시 일본의 근대화를 향한 국가적 지향성 내지는 국민적 합의는 세계사적으로 그 유래를 찾기가 어려울 정도로 신속하고 강력하게 진행되었다고 생각한다. 그리고 관련 정치체제 개혁이나 부국강병 정책 방향은 19세기 서구유럽의 제국주의 지향추세에도 정확하게 부합된 탁월한 선택이었던 것으로 이해된다. 그러한 사례로서 국민 개개인에 대한 동기부여에 큰 영향을 주는 종교관의 국가적 억압책일 수도 있는 소위 '폐불훼석(廢佛毀釋)[99]' 즉 불교를 금지하거나 억제하면서 일본고유의 종교인 일본신도를 널리 포교·추종하세 만드는 제도 및 관련시책도 시행하였다. 여기에서 일본의 불교와 일본신도와의 역사적 융합양상을 언급하게 된다. 6~7세기 이래 쿠가이 홍법대사 등의 고승들의 역할에 힘입어 불교는 일본 사회와 정신문화계에 정착되기 시작하였다. 이어 10세기 이후 헤이안시대부터 본격화되는 소위 '신불습합(神佛習合)' 체계를 구성하여 부처님(일본어 발음으로는 '호토케')과 다양한 일본신도 내 신(神-카미)들은 사실 둘이 아니라서 병행존숭(並行尊崇)이 가능하다는 신앙적 이해구조를 발전시켰던 역사적 사실을 언급하게 된다. 그래서 불교 사원이나 일본신도 신사에서는 상호 간의 종교절차나 형식이 혼재되곤 하였다고 전해진다. 물론 우리나라에도 유사한 개념으로 이해되는 칠성단이나 산신각 등이 사찰 내 병존사실이 쉽게 확인되기도 한다. 일본에 전래 당시 불교는 석가모니 개창 당시의 원시(초기)불교의 교리체계에서 벗어나 보살과 관련된 교리 등 힌두교상의 교리 중 일부를 흡수한 것으로 분석되기도 한다. 이로 인해 인도민중들로부터 새롭게 교리를 체계화한 개선된 힌두교와의 정체성상의 경쟁에서 열세를 보이기 시작한 불교 중 일파는 동남아시아에서 상좌부불교로서, 그리고 일부는 동북아권역에 포교되어 대승불교로서 각각 존속하고 있다고 이해된다. 여기에서 대승불교상의 교리에는 다양한 부처들과 보살들이 형상화되어 신앙의 대상으로서 현시(顯示)되었는데, 일본신도의 다양한 카미사마들은 그러한 부처·보살들의 다른 모습이라는 조화적 해석이 제안·수용되어 신앙상의 균형이 이루어지게 되었다고 이해된다.

그런데 여기에서 메이지유신 직후 일본의 지도층들은 소위 '이와쿠라 사절단[100]'을 위시하여 다양하고도 빈번하게 서유럽 및 미국에 대한 견학방문을 시도한 바 있었다. 그리고 이러한 시도들을 통하여 엄청난 문화적 충격을 받았었고, 이로 인하여 국가 정치체제 및 운영방향을 부단히 개선하려 했었다. 관련내용을 잠시 소개하자면, 이와쿠라 사절단의 경우 단원들 대부분은 도쿠카와 막부를 무너뜨리고 명치유신에 성공한 집권층으로서 1년여의 서구제국 방문 중 강력한 제국주의 국가 수립만이 19세기 이후 국제질서에서 주권을 온전히 유지할 수 있는 유일한 방법이라는 사실을 뚜렷하게 인식하고 귀국하였다고 판단된다. 이러한 문화·문명적 충격요법의 효과는 뚜렷하여 이후 일본은 다양한 서구화와 제국주의적 부국강병책을 성공적으로 실현하여 당시 동북아시아의 패자였던 청나라 및 러시아와의 패권전쟁에 모두 승리하였다. 그러므로 2차 세계대전시 미국에 대한 무모한 도발만 아니었다면 솔직히 지금도 동아시아의 절대 패권국가로서 군림하고 있을 가능성이 상당하다고 생각한다. 명치유신 당시 일본의 집권 정치인들과 지도층들의 합의된 근대화·서구화 노력에는 심지어는 '영어

국어화'라는 나중에는 포기하기는 했지만, 우리나라로 치면 고 이건희회장의 '마누라만 빼고 모두 바꾸자'라는 제안과도 상통하는 처절한 자기개선 노력을 어렵지 않게 찾아볼 수 있었다. 이에 반해 인접국가였던 청나라와 조선의 경우에, 우선 두나라 모두 일종의 '구체제(앙시앙레짐[101])'라 할 수 있는 전제왕조체제로부터의 근본적이고도 철저한 근대화 개혁없이 한마디로 '눈가리고 아웅'하면서 외세의 힘을 빌려 지배층의 기득권을 유지하려 하였음을 우선 지적하게 된다. 그리고 두 나라 모두는 완전히 근대화에 실패하였음을 역사는 기록하고 있다. 반면 메이지유신 당시 일본의 집권자들은 그야말로 '비분강개(悲憤慷慨)'의 자세로 할 수 있는 모든 시도를 통하여 약육강식 그 자체였던 제국주의 득세시대에 국가의 존립(국토의 수호와 온전한 국가 주권의 행사력 보유)을 유지할 수 있었다고 평가하게 된다. 그리고 그러한 일본의 시도노력중 하나가 일본 전국에 산재해 있던 신앙대상으로서의 일본신도의 교리정리와 국가정신통일에 애매하게 개재되어 있다고 불교를 평가하여 이의 억제를 시도한 결과가 '폐불폄석(廢佛貶釋)' 및 '신불분리' 정책이었다고 다시 언급하게 된다. 일견 조선초기 억불정책과의 유사성도 보여진다. 강력한 통일국가 건설에 일부 불교의 역기능이 집권자들의 소위 개국(開國) 근대화 시책방향과 상충된다고 지식인들과 집권세력은 동일하게 판단하였다고 이해된다. 이후 일본은 명치유신 때부터 시작된 철저하고도 겸허한 자기비판과 개선노력의 기풍을 망각한 채 미국의 힘을 제대로 이해도 못하면서 태평양전쟁을 도발한 뒤 결국 패전당한 1945년까지 70여 년간 종교적 일관성을 유지하려 했고, 이 시책은 일정 정도 성공을 거둔 것으로 보인다.

이를 동기부여적 관점에서 해석하자면 일본이 서구문물을 대거 흡수하여 국민들의 가치관에 혼란이 발생할 수도 있었으나, 일본신도라는 전통적 종교관과 가치관을 일정수준 유지시켜 직업에 종사하는 국민들과 국방 담당 군인들에게 소임을 수행하게 하면서 동기부여상의 당위성을 주었다고 이해된다. 그리고 이어 인접국가와의 전쟁에서 지속적으로 승리하게 되어 제국주의적 식민지 확대와 함께 유럽열강에 대한 외교적 권위 유지강화라는 국가적 목표도 어느정도 달성하여 국민(직업인)들과 군인들에게 소임수행에 대한 동기부여상의 만족도도 올렸던 것으로 보인다. 다음으로 당시 일본의 소임수행 대상자들에 대한 실질적인 동기부여 요소들도 간략하게 열거하고자 한다. 우선 군인이라면 승급, 상공인이라면 전쟁 승리 후 확대된 경제적 수요로 인한 경기활황과 식민지에서의 특혜적 이익 향유, 관리라면 식민지 복속효과로 인한 신속한 승진과 권한강화 등이 거론될 수 있을 것으로 보인다. 이와같은 긍정적 상황과 요소들은 종합적으로 국민들이 국가와 천황에게 충성하고 헌신하게 만든 동기부여상의 기제가 되었다고 평가하고자 한다. 물론 그 극단으로서 카미카제 특공대가 언급될 수 있을 것인데. 해당 특공대원들은 2차 세계대전 말기 지휘부의 잘못된 동기부여 기제의 희생양이 되었던 것으로 생각한다. 이 부분 제1차 세계대전 당시 유럽 양대 진영 소속 병사 및 장교들의 동기부여 기제 및 참전의식 고양 양상과도 유사해 보인다.

라 직인정신

해당 개념은 일본 장인(匠人)·직인(職人)들이나 직업인들의 업무윤리 및 동기부여 기제에 많은 영향을 주었다고 생각한다. 그러나 일본신도 및 전통 무사계급 지배의 영향 등에 의한 군인들의 임전의식이나 사기제고 양상과는 차이가 있었을 것으로 보여진다. 왜냐하면 해당 직인·장인·직업인들의 근무행태에는 인간 진화의 소산으로서의 행태가 무의식적으로 발현되어 세계 대다수 국가나 문화권에 큰 차이 없다고 판단되기 때문이다. 즉 이를 일종의 인간의 본성과 연관되는 유전적 본능으로도 이해할 수 있다고 생각한다. 왜냐하면 전 세계 어느 지역에서든 공장(工匠)적 수공업 생산현장에서의 업무집중 양상에 상당한 유사성이 나타난다고 보여지기 때문이다. 다시말해 우리 인간에게는 과거 우리의 조상들로부터 유래한 유전자 차원의 본능적 특성이 나타난다는 의미이다.

이와 같은 유전자적 특성 중 하나로 사냥이나 영토를 놓고 타종족과 발생한 갈등상황 시 발현되는 전투태세로의 비상상황에서도 나타날 수 있다고 본다. 즉 전투작전 상황 발생에 따른 역할분담에 있어 굳이 복잡한 내용의 상호설득이나 교육이 필요하지 않고, 대신 종족 내 개인들 간의 사회적 상호작용이나 성장과정에서 터득된 행동기준 등이 자연적으로 터득되어 발현될 수 있다라고 이해된다. 그러나 완전한 본능이라기보다는 언어 내지는 상징적 의사소통을 통하여 사냥 및 그와 유사한 영토 관련 전투작전이 수행되며, 인간의 기초적 동기부여 형태의 하나인 것으로 이해된다.

그리고 다음으로 유전자 차원의 본능적 동기부여 양상 중 하나는 수공업 등 공장(工匠)적 활동에서 확인가능하다고 생각한다. 원시시대 인류가 모닥불을 둘러싸고 사냥이나 전투를 위한 석기 무기를 만들거나 동물 뼈 등으로 만든 바늘과 동물의 힘줄 내지는 나무껍질 등의 다양한 재료의 섬유를 이용하거나 여러 종류의 동물가죽 등을 의상으로 제작하는 상황 등을 떠올릴 수 있다고 생각된다. 그래서 공장(工匠)적 수공업 생산상황은 우리 인간의 유전자에 각인되었을 수 있는 뿌리깊은 생존형태 내지는 인간을 인간으로 정의하는 데 필요한 필수 조건 중 하나일 것으로도 판단된다. 그러므로 굳이 일본의 직인정신을 운위(云謂)하지 않더라도 인간의 공장(工匠)적 수공업 생산상황은 어떤 인간종족이든지 강력하고도 기초적인 몰입을 불러오는 기초적 동기부여 기제를 작동시킬 수 있다고 생각한다.

그럼에도 일본의 직인정신이 독특한 점은 일본의 역사를 통하여 형성된 강력한 무인지배[102] 문화가 천년 가까이 유지되었기 때문이 아닌가 생각된다. 즉 지배층인 무인(사무라이) 계층 외에는 자신의 직업이나 본분을 벗어나는 방종(放縱)을 엄격히 금하는 사회분위기 아래에서 다수의 피지배계층인들 중 농민을 제외한 일본인들은 공장(工匠)적 수공업 생산본능에 집중하게 되었다고 판단된다. 사실 농민들도 농작활동이 중단되는 저녁이나 겨울 등의 농한기에는 끊임없이 벼볏단 등으로 새끼줄을 꼬아 쌀을 담는 벼가마니나 멍석 등의 다양한 수공예품을 짜거나 대나무를 이용한 죽공예품 등을 만드는 공장활동을 멈추지 않았음이 확인된다. 그리고 이와 같은 공장활동 및 이로부터 기인한 산업 등은 에도시대에 다양한 문화로 꽃피었던 것으로 보인다. 예를 들면 겐로쿠시대[103] 일본의 경제는 사실상 청나라를 제외하고는 세계에서 가장 큰 규모로 번성하였고, 우키요에 문화[104]는 유럽의 인상파 회화에 많은 영향을 끼쳤다고 흔히 언급된다. 덧붙여 해당 시기 혼마 무네히사[105]라는 거상은 최초로 지금도 세계의 거의 모든 주식분석가들이 매일 활용하고 있는 캔들차트를 활용하여 미곡 투자기법 등을 제안한바, 후대 서구의 증권관련 경제학적 투자원리(기법) 형성에 많은 영향을 끼쳤다고 전해진다. 소결로서 일본의 평민층을 중심으로 한 직인정신(문화)은 이후 후대에 오타쿠라고 폄하되기도 하지만, 현대 일본이 20명을 넘는 노벨상 수상자를 배출하면서 완전히 현대 선진국그룹의 일원으로서 자리매김하는데에 크게 기여했다고 판단된다. 왜냐하면 과학자의 탐구정신은 일정 부분 장인활동(정신)과 상통된다고 이해되기 때문이다.

IV
근현대 세계사 내 동기부여 사례

1. 히틀러의 제3제국

가 히틀러 대두 배경

1) 독일의 1차 세계대전 패전

히틀러의 집권배경으로는 1차 세계대전에서의 독일의 패망이 우선 열거될 것이다. 19세기 중후반 비스마르크의 역할이 절대적이었던 통일독일의 완성과 프랑스와의 전쟁승리 등의 영광이 독일에 한동안 지속되었으나, 2대왕인 빌헬름2세의 과욕과 무능 및 전략적 역량부족 등이 겹쳐 왕의 존재는 독일에게 큰 재앙으로 귀결되었다. 통일 독일제국 멸망에 대한 원인으로서 2대왕이 비스마르크의 국가 운영방향을 거의 대부분 반대로 돌렸기 때문이었다고 어렵지 않게 이해할 수 있다. 이러한 유사사례는 우리나라

경제발전기에 기업을 물려받아 무모하게 사세를 확장을 시도하다가 선대의 위업을 모두 무너뜨렸던 세습 경영권 승계자들의 사례에서도 찾아볼 수 있는 것으로 보인다. 즉 2, 3세 세습경영자 중 몇몇은 역량 및 경험이 선대 창업주 회장에 비해 현저히 부족함에도 분수에 넘치는 의욕을 가지고 문어발식 사세확장에 진력하다가 물려받은 기업들을 도산시키고 만 사례들이 빈번히 나타났다. 특히 20세기말 우리나라는 IMF 구제금융 시기를 거쳤던바, 당시 세습경영 재벌들이 역사의 뒤안길로 사라지는 것을 간헐적으로 목격하곤 하였다. 그러므로 이후 재벌 세습후계자들은 경영컨설턴트 등 전문가들의 조력을 요청하고, 이를 적극적으로 수용하는 경향이 강해졌다고 판단된다. 그런데 19세기말 중국과 우리나라의 집권자들은 그나마 통일독일 빌헬름2세나 재벌 후계자들의 적어도 '무모한 의욕'마저도 상실된 그야말로 망국의 행태를 보여줬다고 생각된다. 우리나라의 경우 국가 위정자들은 '열강에의 생각없는(전략부재) 또는 비굴한 굴신, 국내에서는 모든 충언·진언 묵살 및 탄압' 등의 최악의 행태를 보여주었다. 그 결과 특히 우리나라는 남북분단이라는 민족적 비극에서 100년 가까이 벗어나지 못하고 있나고 이해된다. 어쨌든 1차 세계대전 패전 이후 독일은 바이마르공화국 체제하에서 하이퍼 인플레이션(Hyper Inflation)을 겪으면서 국민들의 고난과 자존심 손상을 강요당하고 있었던바, 이러한 국민적 상처를 건드리면서 환상을 제시한 지도자가 히틀러였다.

2) 아리안족 신화

히틀러의 집권에는 독일의 절망적인 패전상황이 매우 긍정적으로 작용했음은 위 언급된 내용과 같다. 그러나 여기에 더해 히틀러는 '아리안족 신화'라는 상당히 과장된 서사를 등장시키면서 후일 인종 말살정책이라는 세계사에 지울 수 없는 악행을 저지르게 된다. 여기에서 당시 영국이나 프랑스를 비롯한 서구의 과학계나 인문학계의 히틀러 지지여론을 언급하고자 하는바, 독일이 아닌 연합국측 일부 지식인들은 인종차별적, 우성학적 인종개량 개념을 지지하면서 선민으로서의 유럽 아리안족 신화를 옹호하기도 하였다. 그런데 문제는 그 신화의 과학적으로 수긍할 만한 근거가 전무하였다는 점이다. 더구나 현대 DNA 검사결과는 대체적으로 인종말살 대상이었던 동유럽계 유대인(주로는 아쉬케나지 유대인)이나 슬라브인종들은 다른 인종들에 비해 오히려 독일인들과 더 가깝다는 사실을 드러낸다. 여기에서 유대인만이 아니라 독일 제3제국의 2차 세계대전 당시 폴란드나 동유럽권에서 벌인 사실상의 인종학살 행태들은 어찌보면 자신들의 친척 동족들을 말살하려 하였었다는 평가를 들어도 할 말이 없다고 생각한다. 그리하여 주로는 동유럽지역 민간인 학살로 인해 2차 세계대전 당시 소련을 포함한 동유럽 지역 전쟁 희생자수는 서유럽의 그것에 비해 월등히 많았음이 통계자료[106]상 확인된다.

그러므로 당시 유럽에 풍미되던 사이비과학에 휘둘리던 제국주의적 선민의식 소유자들이 과학자나 지식인으로서 직업적 양심을 지켰어야 했으나, 실상 그들은 게으른 무지성적 의식상태에 있었음을 역사가 증언하고 있다고 생각한다. 지식인에 대한 정의요소 중 하나는 자기반성 내지는 성찰의 존부일텐데, 그들은 그야말로 해당요소의 부존재를 그들 자신의 존재사실로 입증했다고 판단한다. 그리고도 그들은 이전이나 이후에도(물론 전승국 소속이 대부분이겠지만) 사회의 상층부에서 많은 혜택을 누리는 한편, 부당한 권력행사를 지금도 자행하고 있다고 보여진다. 물론 유대인 학살을 막기 위해 고군분투했다는 독일 기업인 쉰들러라는 사람도 있기는 했으나, 아이러니하게도 그는 과학계나 기타의 지식계층이 아닌 '기업인'이었음에 주목하게 된다. 지금도 그런 양상이 유지되는 소위 전문가 내지는 지식인들의 자기반성적 성찰 부존재 현상은 아이히만에 대한 재판 시 뚜렷하게 드러났다고 생각한다. 유대인 학살에 대한 책임이 무거웠던 사회상층부 내 정책 결정권자 아이히만에 대한 재판에 대하여 한나 아렌트[107]는 아이히만의 과오가 그의 악마적 심성이 아닌 그의 '생각없음'에서 비롯되었을 뿐이라고 발언한 바 있다. 다시말해 서구든 어디든 지금도 계속되고 있는 사회 상층부 사람들의 일상행태 중 하나로서 권력 상층부에서든 학문계에서든 기득권층 내 하나의 부속 요소물로서만 기능하면 되지 자의식에 기반한 성찰이나 반성은 권장되는 덕목이 아니라는 말과 의미가 동일하다고 보여진다.

이와는 방향이 조금 다른 전문가들의 근시안적인 사례로는 지난 20세기 후반까지 성행하였던 암세포 제거 수술관행이었다라고 생각한다. 즉 이러한 무모한 시술로 인한 암환자들의 조기사망 다수발생 사례를 말한다. 당시 암수술 집도의들의 '이런 수술이 필요한가? 경험상 성공하는 일이 거의 없으므로 이런 수술을 계속하는 것은 바람직하지 않지 않나?'라는 식의 자문(自問)은 거의 하지 않았던 것으로 보인다. 현재는 암세포 절제수술은 로봇수술 외에는 아예 시도 자체도 하지 않든지, 수술이 부득이하다면 확인된 부위의 수배 가량 되는 세포조직 모두를 절제하는 방식으로 집도하는 것이 상례인 것으로 안다. 왜냐하면, 부분 절제수술 중 모세혈관 파열을 통한 인위적인 암세포 전위결과를 현대의학이 조금은 이해하기 시작했기 때문이다. 그러니까 누구라도 미디어에 나와 확신에 찬 채 의학지식을 단언하지 말아야 할 것이라고 생각한다. 이런 언급을 하게 되는 것은 현대의학은 하루가 다르게 기존의 상식이나 통념이 파괴되는 다이나믹한 학문분야이기 때문으로 생각한다.

여기에서 2차 세계대전 전후를 놓고 조금 더 지적하고자 하는 바는 당시 독일 포함한 서유럽 과학계나 지식인들의 비합리성이나 비윤리적인 태만성향에 더해 인식론적 비합리성이다. 예를 들어 독일 인접 폴란드 등의 동유럽 사람들이야 당연히 독일인들과의 유전적 유사성이 추정됨이 합리적 판단일 것이고, 최근의 유전자 검사도 이러한 추정을 강하게 지지하고 있는 것으로 안다. 그런데 서유럽의 소위 과학자나 전문가들은 불완전하거나 심지어는 왜곡되었을 가능성이 큰 약간의 고고학 유물이나, 애매한 신화, 혼란스러운 언어학적 차이성 등을 근거로 슬라브인들을 차별하고, 멸시하였다. 그리고 독일은 더 나아가 심지어는 인종말살 조치까지도 서슴지 않고 시도하였던 증거는 도처에서 드러난다. 그리고 전쟁 중에는 적대국이어서 관련 가치판단에 대한 의견공표는 유보했겠지만, 서유럽 연합국측 전문가들이라고 독일인들의 가치판단과 큰 차이는 없었을 것으로 이해된다. 그러나 이와같은 많은 수의 사회상층부 지식인들로 통칭되는 사람들의 인류애 의식(Humanism)이나 소위 '모순 내지는 비합리적 판단'과 관련하여 전후 승전국 내 양심적이라고 평가받는 일군의 비평가들로부터 서유럽적 문화전통 내 가치판단 역량 보유여부에 대하여 절망적 평가가 내려지기 시작하였다고 이해된다. 그리하여 2차 세계대전 종전 후 20세기 중반부터는 소위 '포스트모더니즘'이나 '해체주의'라는 사조를 통하여 인간성 자체나 소위 인간지성으로서의 '이성'에 대한 저조한 평가 및 회의적 시선이 이어졌던 것으로 보인다. 그러므로 실적이야 혁혁하지만, 과학 내지는 기술발전에 대한 맹신은 매우 위험함을 역사적 경험을 빌려 경고하고 싶다. 반드시 종교나 이와 유사한 신조를 가져야 한다는 의미는 아니나, 파스칼과 같은 자신의 업무나 생활방식 내지는 의식내용 등을 늘 '회의하고 성찰하고 반성하는' 사유(思惟)나 사고(思考) 태도 및 자세, 그리고 신중한 실행태도가 매우 소망스럽다는 의미이다. 그리고 이와 같은 역사적 경험을 통하여 우리 인류에게는 이타적이고도 공존지향적 동기부여 기제가 필요해짐을 주장하게 된다. 그리고 많지는 않으나 위 언급된 바와 같이 미국 독립전쟁 당시 라파예트 장군과 그를 추종하여 참전하였던 일군의 프랑스 청년들이나 스페인 공화국파 국제의용군 그리고 한국전쟁 당시 조건없이 전투병을 파병했던 콜롬비아, 에티오피아 사례 등에서 그와 같은 이상적인 공존지향 동기부여의 원형적 형태를 발견할 수 있다고 생각한다.

2. 상황 1 - 2차 세계대전 초기 독일군과 일본군의 진격 및 패퇴양상

가 독일군

2차 세계대전 초기 독일은 프랑스의 독일침공 방어선인 마지노선을 구데리안 장군의 소위 '전격전'으로써 단기간에 돌파·무력화하였고, 이어 얼마 지나지 않아 프랑스 파리를 점령하였다. 이후 사실상 소련 스탈린그라드 전투까지 3년 가까이 파죽의 점령전을 이어갔다. 그리하여 소련과 영국을 제외하고, 추축국 세력으로서 거의 독일의 속국이나 다름없던 이탈리아와 스페인 및 당시 일본에 대한 태국의 대응양상처럼 외형적으로는 중립국 지위를 유지하였으나 사실상 독일에 대하여 적극적으로 부역하였던 스웨덴 등을 제외한다면 거의 전 유럽을 석권했다 해도 과언이 아니었다.

이후 독일군은 먼저 1942년~1943년 소련의 스탈린그라드에서의 대규모 패퇴[108]와 쿠르스크 대규모 기갑전[109] 실패 이래 소련 전역(戰域)에서 지속적인 후퇴상황에 직면하였다. 그리고 북아프리카 전역(戰域)에서도 서서히 연합군에게 밀리다가 1944년 노르망디 상륙작전으로 확보된 서부 진격적선과 동부전선 두군데로부터의 압박에 직면하였다. 독일은 이 와중에 공군력의 열세화 경향[110]까지 뚜렷해지자 그 후 얼마 지나지 않아 히틀러는 베를린 벙커에서 자살하였다. 그리고 히틀러 자살 직후인 1945. 5. 8. 독일 수뇌부는 연합국에 대한 무조건 항복문서에 서명하였다.

 일본군

　2차 세계대전 당시 일본도 1941년 진주만 기습 이후 적어도 2년 정도는 태평양과 동남아시아에서의 침공작전의 성공에 도취되어 있었다. 일본군은 미드웨이 해전 및 과달카날 등 뉴기니섬 근방 도서에서의 공방전에서 부분적으로 수세에 몰리기는 하였다. 그러나 1943년 정도까지는 결정적 열세를 드러내지는 않았고, 이에 반해 미군을 철수시킨 필리핀 점령과 주로 영국군을 상대한 베트남, 싱가포르, 그리고 버마 동부지역 공세에서는 큰 전과를 거양하였다. 그러다가 일본해군은 1943년경부터 태평양 전역(戰域)에서 계속 패배하기 시작하여 미군에 대한 절대적인 열세양상을 보여주었고, 1944년 상반기 버마의 임팔전투[111]에서는 어처구니없는 지휘실패와 함께 다수의 전력을 손실하면서 동남아시아 육군전투에서도 수세에 몰리기 시작하였다. 그리고 가장 중요한 부분은 태평양과 동남아시아 해역(海域) 내 전략적으로 중요한 도서(島嶼)들, 즉 일본 본토를 직접 공습할 수 있는 거리의 공항이 건설 가능한 괌섬, 사이판섬, 이오지마섬 등을 미군에 빼앗기면서 일본은 독일과 별 차이 없이 연일 무차별적인 본토 공습에 직면하게 되었었다[112]. 여기에서 주목할 점은 미국이 당시 독일에서도 사용하지 않았던 B-29 폭격기라는 당시로서는 그야말로 '클라스가 다른' 최신형 폭격기를 일본 공습에 대량 활용하였다는 점이다. 그런데 당시 일본은 고고도에서 다량의 폭탄을 지상에 퍼붓는 B-29 폭격기를 견제할 대공화기는 물론 이를 견제할 고고도 전투기도 가지고 있지 않았다. 정예 전투기 조종사들도 대부분 미군과의 공중전에서 사라지고 없었기도 하였다. 그럼에도 미국 입장에서는 특히 이오지마 점령이나 오키나와 상륙 시 미군의 희생이 너무 컸고, 해전에서는 카미카제 전투기들이 극성을 부려 일본 본토 상륙작전에서 미군의 희생이 엄청날 것임을 예견하고 있었다. 이에 당시 미국 트루먼 대통령은 히로시마와 나가사키에 대한 원자폭탄 투하[113]를 명령하였고, 이로써 태평양 전쟁과 2차 세계대전은 최종적으로 종결될 수 있었다.

다 2차 세계대전 개전초 추축국의 승전과 이후 패퇴결과에 대한 원인분석

1) 자발적으로 동기부여된 군인들의 사기

승전 분위기 내지 승전에 대한 확신은 참전군인들의 자발적 희생과 만족감을 고양시키는 기능을 할 것이라고 보는 데 이의가 없을 듯하다. 물론 점령지에서의 약탈물 노획이나 점령지에 대한 자의적인 토지수용·활용 및 종전이나 퇴역 후 사회적 명예 향유 등의 기대감이 적극적인 참전역할 수행의 동기로서 큰 부분을 차지할 수도 있을 것으로 판단된다. 그런데 2차 세계대전 당시 독일군과 일본군의 병력구성을 보건대, 그들 대부분은 징병 장정들이었음에 주목하고자 한다. 즉 순수하게 자기가 소속된 군대의 승전을 원하는 참전의식과 함께 종교든, 자발적 의지이든 관련 학교교육과 가정교육 및 또래집단 내 공유정보 등이 동기부여 기제의 한 축을 이루었을 것으로 보인다. 이어 무의식적 감정 내지는 주변 분위기로부터의 자극 등은 참전 결정이나 참전 중 여러 심적·신체적 고통을 이겨내는 데에 크게 역할을 하였을 것으로 판단된다. 더군다나 개전 초기 양국 군대의 놀라운 전과는 모든 정보나 판단을 최종승전에 대한 기대감으로 귀결시켜 참전 군인들은 물론 국민, 심지어는 점령지 내 주민들까지도 부역에 적극적으로 만들 정도였다라고 판단된다. 그래서 전쟁 중 일본은 '내선일치'라는 명목으로 조선에서 상당수 병력을 충원할 수 있었다고 보여진다. 관련 병력 충원은 대만 또는 일부 만주지역 내 청년들로부터도 이루어졌다. 이와 유사한 기제로 독일도 프랑스나 루마니아 등의 점령지로부터의 인력 충원이 지속적으로 이루어졌음이 2차 세계대전 종전 후 밝혀지기도 하였다.

'메스암페타민[114]'(흔히 필로폰 또는 히로뽕으로도 지칭된다) 계열의 마약들이 독일군[115], 일본군[116] 모두에게서 특히, 2차 세계대전 초기 다량으로 집중 사용된 정황들이 드러난다. 해당 마약의 효과는 초기에는 경이로웠다. 잠도 안 자고 두려움도 없이 거의 초인적으로 진격공세를 감행하는 효과를 병사들로부터 얻어낼 수 있었다 한다. 그런데 문제는 주지하다시피 해당 약물 장기복용 시의 중독증상과 약효에 대한 내성증가로 인한 급속한 약효저하 및 최악의 경우 군인들의 돌발사가 빈번해졌었다는 보고가 지휘부로 빗발치기 시작했다는 점이었다. 이에 독일과 일본의 지휘부는 사태의 심각성을 인식하기 시작하였다 한다. 이 부분 독일과 일본 등의 추축국 패전에 적지않은 영향을 준 것으로 이해된다. 그런데 전쟁 초기 연합국측에서도 독일이나 일본 등의 추축국측의 약물사용 사실을 인지하고, 일부 시험적으로 그 효과를 검증하려 시도하였던 정황도 종전 후 일부 확인되기도 한다. 그러나 이후 연합국측에서는 추축국측으로부터의 해당약물 부작용 사례들에 대한 첩보를 입수하여 자국 군인들의 유사약물 사용을 금지한 정황 등도 또한 드러난다.

라 상황 2 – 2차 세계대전 당시 연합군의 추축군 격퇴

1) 유럽 전역(戰域)

1944년 노르망디 상륙작전은 세계 전사상 가장 큰 규모의 육해공군 합동 상륙작전이었음은 주지의 사실이다. 당시 동원된 군수 물량과 무기, 병력 등은 단일 군사작전으로는 유례가 없었다고 본다. 그리고 같은 시기 구소련 지역 내 쿠르스크 전차전도 지상전투 규모로만 본다면 그야말로 역대급이었다고 분석된다. 여기에서 히틀러의 소련 침공 실패사로서의 '바바로

사 작전'은 1812년을 전후한 나폴레옹의 러시아 침공을 상기시킴을 언급하게 된다. 프랑스 시민혁명 직후 유럽을 석권하였던 나폴레옹의 정병 30여 만명은 러시아 원정 시 불귀의 객이 되어 이후 급격한 나폴레옹 몰락의 결정적인 원인이 되었다고 판단된다. 이 부분 히틀러도 동일한 몰락의 경로를 밟았다고 판단된다. 어떤 역사적 사례를 보건대도 전쟁 수행 시 승전의 관건은 우선 명민한 역량을 가지고 풍부한 경험으로 작전상의 실수를 최소화시키는 지휘관과 그를 보좌하는 유능한 지휘부를 거론할 수 있을 것이다. 그리고 무엇보다 일반 전투원(병사)일 것인데, 다수의 전투경험을 통하여 사용하는 무기와 지휘부의 전술이해 및 경험으로 본능화된 전황파악 감각 등을 갖춘다면, 더 바랄 게 없을 듯하다. 그런데 그러한 숙련되고 유능한 병사들이 구성하는 군단 내에 자발적인 참전 동기부여(의식적 동기부여로서의 사기) 의식이 충만되어 있다면 작전수행 주체로서의 해당 정예군대는 역사적 대제국 건설의 필수요건으로서 강력하게 기능할 수 있을 것으로 판단된다. 그런데 나폴레옹은 프랑스혁명 직후 역사에 등장한 이래 왕정수호에 급급하는 적대국과의 각종 전투에서 혁혁한 전과를 거양하여 급기야 황제의 자리에까지 올랐었다. 그래서 유럽에서 나폴레옹은 알렉산드로스 대왕이나 로마의 시저 이래의 영웅으로 칭송받기도 하였다. 그런데 나폴레옹은 승전의 쾌감(일종의 도파민 중독현상의 일종으로도 보여진다)에 도취되어 건드려서는 안 되는 러시아 본토 침공을 결정하는 과오를 범하고 말았다고 생각한다. 그야말로 러시아군을 과소평가함과 함께 동계(겨울철) 러시아 원정의 엄혹함을 간과한 판단역량의 결함을 나폴레옹과 히틀러라는 두 독재자로부터 동시에 확인하게 되어 그대로 세계사적으로도 냉정한 평가를 내리게 된다.

위대한 전쟁영웅들도 빈번하게 과오를 범하곤 하는바, 이 중 알렉산드로스 대왕의 경우에는 대부분 실패없는 정복전쟁의 지속적인 승리로 인해 냉정한 자기반성이 약했던 점을 지적하게 된다. 즉 대제국의 전제군주로서 그의 사후에 정당한 왕권을 행사할 수 있는 후계자 선정은 대제국 건설 바로 다음으로 중대한 과제임은 모든 세계사 제국들의 역사들이 증명한다고 본다. 물론 인생에 경계해야 할 세가지 사항으로서 '초년 성공, 중년 상처(喪妻), 노년 빈곤'을 꼽곤 하는데, 알렉산드로스 대왕의 초년성공의 규모가 그야말로 세계사적이었음은 주지의 사실일 것이다. 그런데, 그는 너무 일찍 원정 중 사망하였다. 그 덕에 대왕의 측근장군들이 정복지역들을 나눠 가졌고, 또 각기 세습왕조를 개업했다. 참고로 시저의 연인이자 이집트 여왕으로도 유명했던 클레오파트라는 알렉산드로스 대왕 사후 그의 측근장군 중 한명으로서 이집트에서 왕조를 개업한 프톨레마이오스 장군을 시조로 한 왕조의 직계 후손이다. 그래서 엄밀히 얘기한다면 클레오파트라는 순수 나일강 유역 원주민의 후예가 아니라 그리스가 주류를 이뤘던 발칸반도 원주민 혈통으로 보여짐도 덧붙인다. 알렉산드로스 대왕의 문화적 위업이야 지금도 경이로울 정도이고, 일견 2,000여 년 뒤 라파예트 장군 정도의 의식적이면서 많은 부분 이타적·공존지향적 동기부여와 상당부분 유사한 형태를 보여준다고 생각한다. 그러나 마케도니아 왕국의 영토확장이라는 본능적 동기부여 형태가 주를 이룬 것으로 판단되어 위 거론된 라파예트 장군의 의식적·이타적·이상적 동기부여 행위와는 큰 차이가 있었던 것으로 판단하고 싶다. 그럼에도 라파예트 장군의 의식적·공존적 실현 방식에는 알렉산드로스(알렉산더) 대왕의 그것과 다소간 유사한 양상들이 주로는 군사적 역량(군사작전 수행 시 숙련성과 정교한 전술·전략 기획 및 실행측면)에서 확인된다고 생각한다. 물론 알렉산드로스 대왕의 인류공영을 향한 사심없는 이상실현 노력과 의식의 성과는 유사 이래 최초의 구체적인 출현(현시) 사례였다고 판단된다. 그는 정복지인들을 평등하게 대하면서 편견 자체의 존재가 드러나지 않을 정도로 세계제국 내 문화적 다양성을 존중하였다. 다시 말해 다원주의 및 공존지향 통치정책의 고대적 표준을 제시한 정복군주였다고 평가하고 싶다.

알렉산드로스3세(알렉산더 대제)[117]

2) 태평양 및 동남아시아 전역(戰域)

1941. 12. 7. 일본제국은 미국에 선전포고도 없이 하와이 진주만을 공습하는 동시에 필리핀, 베트남과 싱가포르, 인도네시아 등 동남아시아 일대에 대대적인 군사공세를 시작하였다. 그리고 대부분의 공세대상 지역들을 점령하는 데 성공한다. 이때 영국은 싱가폴 등 말레이반도 일대를 일본에게 점령당하여 18세기부터의 해양패권 제국 수립 이래 국가의 명운이 걸린 식민 요충지 쟁탈전에서 최초의 결정적이고도 수치스러운 패배를 당하게 된다. 물론 당시 영국의 입장에서 미국독립전쟁이나 아프가니스탄 전쟁에서의 패배 등 일부의 패배사례가 없지는 않았지만, 사실상 18~19세기는 영국의 세계 지배시대라 해도 과언이 아니라고 볼 수 있을 것이다. 다만, 18세기에는 중국(청나라)이라는 강대국이 엄존하고 있어서 동서 양분시기로도 보이지만, 19세기 중반 이후로는 청나라의 쇠퇴와 함께 영국 빅토리아여왕 치세에 '해가 지지 않는 나라'라는 칭호가 영국의 영광을 수식하였다는 주장에 이론이 많지 않을 것으로 생각한다. 그랬는데, 늘 19세기 후반 개항 이후부터 영국, 미국이나 서방 강대국들의 눈치만 보던 일본이 아시아의 핵심 식민거점이던 홍콩과 싱가폴, 태국에 이어 인도를 코앞에 둔

미얀마(버마) 일부까지 영국군을 밀어내는 상황이 벌어지게 되었던 것이다. 이를 영국의 사실상 최초의 수치라고 판단하고 싶다, 왜냐하면 가장 큰 영토적 손실이야 미국 독립전쟁 패배 시 벌어진 일이기는 하였으나, 미국 독립의 주체들 대다수는 영국 이주민들의 후예였고, 미국 독립 시 13개주의 국어는 당연히 영어였으므로 식민통치라는 이름표만 없어졌을 뿐 영국의 영향력이 아예 소멸되었던 것은 아니었기 때문이다. 이후의 역사적 추이를 볼 때 20세기 세계 1, 2차 세계대전에 굳이 미국이 생때같은 자국 젊은이들 수십만 명을 멀고 먼 유럽지역에, 그것도 모두 영국의 연합국 자격으로 참전시켰음은 결코 우연이 아닐 것이다. 그러므로 일본에 의한 주요 식민지로부터의 축출은 영국으로서는 사실상 최초의 국가적 치욕이자 충격일 수밖에 없었을 것이라고 판단된다. 물론 이후 1944년경 버마 임팔 전역[118]에서 일본은 지휘관의 전략·전술적 미숙과 오판으로 영국군으로부터 패퇴 당하였고, 영국은 이때 어느 정도 자존심을 회복할 수는 있었다고 보인다. 그리고 동 시기 일본은 태평양 전역에서 본격적인 미국의 공세에 속절없이 패퇴를 거듭하게 되었다. 이어 멀지않아 1945년 8월 15일 일본은 원자탄 2발로 미국에 무조건 항복선언을 하게 된 저간의 경위들은 주지(周知)의 사실이라 추가언급은 생략하고자 한다.

[원인분석]

일본은 자발적·의식적 동기부여의 가장 전형적 형태인 군사들의 '사기(土氣) 유지·증진' 조건이라는 관점에서 연합군보다 유리했다고 보여진다. 왜냐하면 첫째, 일본은 메이지유신 이래 소위 종교적 통일에 어느 정도 성공하였기 때문이다. 그리고 이러한 노력을 통해 불교를 억압하고, 국왕과 과거의 국왕들을 최고신으로 계층화한 국교 일본신도의 정리·정합을 추진하여 이에도 성공하였던 것으로 보인다. 그래서 태평양전쟁 발발(勃發) 원인으로는 여러가지 요인들이 꼽히지만, 위 종교통일에서의 성공을 기반으로 한 반세기 이상의 국운상승 및 이에 따른 자신감이 그 중 하나일 수 있다고 생각된다. 물론 종교통일이 완전한 타 종교 말살 수준은 아니어서 불교와 기독교, 천주교가 종교활동을 어느 정도는 지속하고는 있었던 것으로 보인다. 다만 집단주의에 경도되곤 하는 일본인들의 소위 '예민할 정도의 눈치보기' 습성상 지금도 그렇지만 주로는 서양종교인 기독교 등의 교세는 정체 또는 쇠퇴경향이 나타났을 것으로 보인다. 그리고 2차 세계대전 종전 후 불교나 창가학회 등의 교세는 종전 메이지유신 이전으로 회복된 것으로 보인다. 다시 2차 세계대전 종전 이전 계층화된 일본신도로의 종교통일화 이야기로 돌아와 군인들에 대한 자발적 동기부여 유도에 어느 정도 성공했다는 명제에 대한 증거로는 지금도 일본에서 거행되고 있으나 종전 이전보다 거국적이지는 않은 야스쿠니신사에서의 전몰군경에 대한 위령제를 들 수 있다고 생각한다. 그런데 위령대상 전몰군인들은 일본신도교리상 한명 한명 신으로 승격되어 참배 및 추앙의 대상 내지는 기복 및 시혜의 주체로서 예배되는 것으로 이해된다. 물론 지금이야 외국의 비난여론 속에서 조금은 눈치 보듯 또는 어떤 때에는 아예 보란 듯이 해당 신사에서 예배(침배)가 거행되지만, 태평양 전쟁 당시에는 야스쿠니 신사 참배는 일본 전국에서 사람들이 예방하는 대대적인 국가행사였던 것으로 보인다.

　여기에서 군인(군사)들의 사기는 외부적 요인에 의한 동기부여 요소로 제고될 수 있다고 생각한다. 그런데 참전군인이 즉 사후 신으로서 추앙받는 존재가 될 수 있다는 희망 내지는 확신은 상당히 강력한 동기부여 요소였을 것으로 생각된다. 이 부분과 관련하여 미국이나 영국, 러시아 등 2차 세계대전 승전국가들에서는 국가행사로서 전몰 군인들에 대한 연례적 현충행사를 거행하는 등 전사자들을 예우하는데 크게 신경 쓰고 있음을 보여준다. 여기에서 일본이나 2차 세계대전 승전국들 모두에서 유사한 동기부여 기제가 눈에 띈다고 생각된다. 이는 주로는 승전한 나라들에 해당되겠지만, 국가는 결코 전몰자들을 잊지 않는다는 의지(약속)를 국민에게 각인시키는 의식(儀式-Ritual)의 의미가 있다고 생각한다. 그래서 사후명예에 대한 약속(외적 동기부여)과 이에 대한 신뢰형성은 참전 병사들의 자발적(내적) 동기부여 요인 중 하나로서 기능하게 되는 것으로 이해된다. 그 점 우리나라도 매년 현충일을 국가공휴일로 채택하여 전몰 장병(병사)들을 엄숙히 추모하는 이유가 설명될 수 있다고 생각한다. 그런 점에서 일본의 야스쿠니신사야말로 일본신도라는 종교적 특징을 잘 살린, 즉 국가에 공헌(국가를 위하여 전사)한 영령들은 참배나 기복의 주체로서의 높은 반열의 신(잡신이나 요괴가 아닌 고품위의 신)으로 승격되어 봉안(奉安)된다라는 일본신도의 근본교리를 고스란히 국민들에게 각인시키는 상징적 예배소로 이해된다. 이 점에서는 미국과 서유럽 국가들은 대부분 개신교나 가톨릭국가이므로 전몰병사들에 대한 추모 행사는 그들이 천국에서 복락을 누릴 수 있도록 신께 정중히 탄원한다라는 개념으로 판단되어 일본의 신격화 개념에는 조금 부족하지 않나라는 생각도 하게된다. 그러나 어느 경우이든 국민들에게 사후 명예제고라는 외부적 동기부여 유발 요소로 활용되는 기제의 일환으로 이해된다. 그런데 사실 일본신도 교리는 굳이 국가가 개입하지 않더라도 전통적·사회적·종교적으로 전몰자들을 예우하게 만드는 종교논리가 국민들을 설득하는데 다른 나라들보다 유리했지 않았나라고 다시 언급하고 싶다. 이에 대한 극단적인 예가 2차 세계대전(태평양전쟁) 당시 소위 '카미카제(神風) 특공대[119]'라는 자살 목적의 병사 양성이었다고 생각한다. 이에 대하여는 여러 이설들이 존재하나, 일단은 해당 병사들 중 자발적 동기부여되어 자원한 경우도 상당수 존재했다는 주장을 반박하기는 쉽지 않아 보인다.

마 2차 세계대전에 대한 반성과 미래 전자적 직접민주주의 시행 필요성 등

　　여기에서 독일나치가 2차 세계대전 당시 자행했던 인종청소(학살) 행위에 대하여 다시 한번 언급하고자 한다. 무엇보다 인종청소의 대상을 판단하는 기준으로서 근거없는 미신 그 자체였던 사이비과학 내용들을 맹신추종한 사실과 관련하여 인간 지성의 원시성 자체가 현시된 것 같아 같은 인간으로서 수치심을 금할 수 없음을 토로하게 된다. 지금 돌아볼 때 특히 히틀러 나치 치하의 독일은 그야말로 어처구니없는 집단광기 행태와 미신 추종, 과학기술 오남용의 파멸적 결과를 처절하게 보여 주었다고 생각한다. 그런데 우려스러운 것은 아직도 인류는 이런 행태를 반복할 위험성이 다분해 보인다는 점이다. 우선 집단지성 운용 기제의 비효율성이 눈에 띈다. 현대의 어느 국가든 북한이나 사우디아라비아 등의 전제국가 일부를 제외한다면 국가과제(정책 및 과업 등)의 논의는 입법부(의회)에서 주로 많이 수행되곤 한다. 그런데 3권분립 민주주의 정치체제를 국가운용체제로 선택한 대다수의 국가들에서 목격되는 주요현상은 여론 또는 지지받는 정당들 중 중간지대가 미약하거나 아예 없다시피 한 양당 대립양상이다. 이는 대의제 민주주의를 채택하여 입법부 의원들을 국민들이 직접 선출하기 때문인 것으로 보여진다. 한마디로 국가운영 기조에 어중간한 중도입장이 나타나기 힘들다는 말이다. 그런데 국가 운용방향 결정 시 과감한 판단이 필요한 경우도 물론 존재한다. 예를 들어 일본의 진주만 공습에 대응한 미국 프랭클린 루즈벨트 대통령의 참전선언이 미국 의회에서 이루어졌는데, 이는 일견 아테네 폴리스 민회에서 펠로폰네소스전쟁 개시를 선언한 페리클레스의 연설을 연상시키게도 된다. 두 전쟁 모두 선택의 여지가 없었다고 보인다.

　　이에 반면에 2차 세계대전 시 영국측 승전에 공훈이 지대했던 영국 처칠수상이 종전 직후 치러진 총선에서 애틀리의 노동당에 패하여 실각했던 1945년 영국 총선결과를 보면 영국 유권자들은 종전이라는 상황변화와 함께 가차없이 보수당 정권에 등을 돌렸었다. 당시 영국 유권자들의 판단이 잘못되었다는 의미가 아니다. 다만, 그리스 아테네시대로 다시 돌아가 살라미스 전쟁의 최대공훈자였던 테미스토클레스를 아테네 국민들은 납득하기 어려운 이유로 국외추방을 결정하였던 사실이 데자뷔처럼 떠오른다. 이런 점에서 '민의' 또는 '민심'으로서의 민주주의적 정책판단·결정 주체의 실체를 입체적으로 이해하기 어렵다는 주장을 하게도 된다. 기원전 3~4세기 당시 그리스 아테네는 직접민주정 정치 체제하에서 유권자 모두로 구성되는 민회가 입법·행정·사법상의 중요사안에 대하여 최상위 결정권을 행사할 수 있었다. 물론 다수결이었다. 그래서 만약 그리스 아테네 도시국가 당시의 국가 의사결정 상황이었다면 처칠이 국외추방될 여지도 다분했을 것으로도 판단된다. 그러니까 민주정체를 원형대로 운영한다면 일견 국가의 위기상황 하에서는 강력한 군사지휘관을 지지했겠지만, 그가 승전 후 약간의 권위 내지는 특권행사를 시도했다면 민회로부터의 강력한 응징으로부터 벗어나지 못했을 가능성이 크다는 의미이다.

이와같은 민주정체의 특징 및 불안정성에 대하여 현대 민주정체는 제도적·정치적·관행적 완충 기제로써 대비하고 있다고 판단된다. 예를 들면 미국의 경우, 많은 사례들은 집권 대통령의 입법권에의 영향력 행사 기도 시 야당에게 의회 다수당 지위를 즉, 국회의원 선거 시 대통령 배출에 실패한 야당에게 표를 몰아주어 행정부의 일방적인 국정운영을 견제해왔고, 지금도 그렇다고 생각한다. 물론 트럼프 집권에는 위 언급된 '현명한 미국 유권자 가설'이 도전받고 있기는 하다. 그러나 근래 유례가 드문[120] 트럼프 대통령의 집권배경에는 미국 유권자들이 2차 세계대전 이후 백년을 앞두고 기존 국제정치 구조 하에서 미국의 고정된 '마음씨 좋은 샘아저씨' 역할에 대하여 염증을 표출하기 시작한 점도 일부 기여했을 수 있다고 보여진다. 그럼에도 150여 년 전 토크빌이 찬사할 정도까지의 이상에 가까운 상황은 아니나, 그럼에도 최근 100여 년 내 미국 유권자들이 보여준 '절묘' 내지는 그야말로 '현명'함이라는 표상에 근접한 투표성향들은 경이롭다고 생각한다. 즉 대통령 배출 정당에 대한 동시 내지는 중간선거 시 의회 다수당은 대통령이 배출되지 않은 야당이 되도록 투표하는 등의 성향을 말한다.

그런데 민주주의 정치제도의 적정 운용 방안이라는 논의대상에 현대의 정보화사회 도래 사항 추가 필요성을 언급하게 된다. 현대 민주주의라면 대부분의 국가에서 대의민주주의(간접민주주의)제도를 채택하고 있다. 그리고 정치적 이슈나 정책적 논의과제에 대하여는 여야 양당 위주의 의회에서 많은 토론과 격론이 이어지는게 상례인 것으로 보인다. 그런데 문제는 양당 토론 시 각자의 논거일 것으로 보여지는바, 즉 어떤 법제도 정책사안에 대하여 양 당은 최대한 자신에게 유리한 논거를 제시하면서 법안이나 정책사안의 국회 내 승인을 시도한다는 점이고, 이때 여론적 우위를 점하기 위한 대국민 설득이든 캐스팅 보트를 쥔 제3당에 대한 설득이든 논거의 중요성이라고 이해된다. 그런데 해당논거가 설득력을 가지기 위한 조건들로는 정보의 정확성과 증명력, 그리고 이를 검토하는 청취자에 대한 확신 제공역량 정도일 것으로 보인다. 여기에 정보와 관련된 개념이 하나 등장하는데, 'GIGO(Garbage In, Garbage Out)[121]'의 법칙과 엔트로피 증가라는 열역학 제2법칙[122]이다. 즉 부정확한 정보가 증가됨과 함께 관련정보 이용자의 손해가 증가될 수 있다라는 의미이다. 둘째 법칙은 양대 대립진영, 즉 대부분의 민주주의 정치체제 구성원(주로는 의회 내 양당 의원들과 언론매체 등 여론 조성자)들이 과장된 선전기법이나 이해득실에 매몰된 진영논리에 빠져 정작 논쟁의 토대이자 공통분모인 공동체의 안위나 이해가 최악의 상황에 맞닥뜨리게 될 가능성이 높아질 수 있다라는 의미로 생각된다.

　여기에서 현대 민주주의의 위기와 관련하여 우려되는 바를 조금 더 언급하자면, 진영논리와 관련하여 어떤 정당을 선택한 유권자는 지지정당의 정책이나 입장 표명내용을 자연스럽게 자신의 이해관계를 반영한 것으로 간주하여 흡사 팀스포츠 응원양상으로 감정적 몰입과 자기진영에 유리한 논리강화에 몰두하기 쉬운 경향을 보인다는 점이다. 그런데 지지받는 정당은 정책결정이나 법·제도 방향설정 및 정책 추진 시 특정 지지자의 모든 이해관계를 반영할 수도 없고, 반영하고자 하는 의사도 명확하지 않다. 그럼에도 정당들은 지지자 그룹의 지지도 유지 및 제고를 위하여 필요하다면 AI(Artificial Intelligence; 인공지능)등을 활용한 가짜뉴스(Fake News) 유포나 여론조사 왜곡 등의 다양한 정보오염 시도, 그리고 불합리하거나 과격한 선동기법 등을 많든 적든 활용하는 경향이 존재한다고 생각한다.

　그렇다면 민주주의 전통이 일천한 우리나라가 지금까지의 이루어왔던 급격한 고도성장과 같이 현대 민주주의의 위기상황을 극복할 대안제시로 다시 세계 각국에 경이롭고도 고무적인 충격을 줄 수 있을지 고민하게 된다. 하나의 대안이라면 블록체인[123] 및 각종 IT기술 등을 활용하여 보안성과 공정성이 확보된 직접민주주의 기술과 제도들을 고안·활용하는 것이 가능하다고 생각한다. 이를 위하여 한 국가는 헌법을 개정하여 3권분립적 정치형태는 유지하지만, 특히 입법 시 국민들에게 의견과 의사를 직접 묻고, 투표하는 정치체제 구성 필요성이 있다고 보인다. 물론 모든 국민의 의견을 일일이 확인하기는 불가능할 것이므로 간접민주주의 장점인 다원적 대표성도 살려 대표의원들을 1,000여 명 이상 단기·순환 선출하도록 하고, 그들을 주로 활용하여 숙의 민주주의[124]상의 양심적이고도 진지한 토론과정 등을 경유하도록 함이 바람직해 보인다. 그리고 원칙적 직접민주주의에 입각한 입법, 행정, 사법상의 주요 결정을 수시로 온라인 국민투표를 통하여 결정하게 함에 보수나 진보라는 진영논리를 떠나 민주공화정을 지키겠다는 확고한 의지만 있다면 충분히 실현가능한 민주주의의 이상형임을 주장하고자 한다. 특히 피쉬킨 등의 정보·실질적 균형·다양성·양심성·동등한 고려라는 숙의민주주의 시행조건[125] 등은 검토의 여지가 상당하다고 보여진다. 여기에서 논자들은 이토록 빈번하게 활용될 정책결정 국민투표에 대하여 역사상의 사례를 들어 위구심(危懼心)을 표명할 것으로 생각된다. 사실 국민투표는 프랑스 시민혁명 당시 나폴레옹의 독재에 악용된 측면이 있다고 보여진다. 그리고 나폴레옹 이후로도 프랑스 제5공화정 초기 드골이나 여러 독재적 집권자들이 오용한 사례들도 관찰되기도 하다. 여기에서 유권자인 국민들이 위 언급된 IT기술을 활용한 공정하고도 합리적인 직접민주주의가 가능함에도 이를 거부하거나 부인할 소지는 제도연구자들의 노력에 의해 상당부분 축소될 것으로 예견됨을 부연하고자 한다.

여기에 추가로 우리나라의 민주주의적 국가체제 개선 논의 시 늘 언급되고 또 늘 심각하게 우려를 사고 있는 사법부의 민주적 정당성 부여 및 공정하고도 투명한 사법기관 구성·운영·통제에 대하여 잠시 언급하고자 한다. 먼저 사법부의 민주적 구성과 관련하여서는 우선하여 우리나라보다 선진적 제도를 운영하고 있는 서유럽 및 미국 등의 검사 선거제도와 배심원제도의 전면도입이 시급해 보인다고 의견을 제시하고자 한다. 배심원제도에 관하여 우리나라에도 '국민참여재판제도'가 도입은 되어 있으나, 아직 그 활용범위는 제한적이라고 생각된다. 그러나 국민들의 검사선출 제도는 도입논의 자체가 전무한 실정이다. 그리고 미국 등의 판사 종신제도 내지는 정년연장 및 강력한 청렴유지제도[126] 추가도 필요하다고 보인다. 이렇듯 사법제도 자체가 후진적인 우리나라로서는 관련제도 선진국들의 넘쳐나는 사례들을 잘

연구하여 헌법개정 시 적절히 제도에 반영하도록 노력하여야 한다고 생각한
다. 아울러 그동안의 압축성장에 익숙한 우리나라에는 국가발전 및 선진화
에 대한 국민들의 동기부여 기제가 잘 작동 중이라고 생각한다. 그래서 제도
선진화에 대한 관련분야 종사자들의 적극적인 헌신과 고민에 발전된 IT기법
까지 잘 활용되어 한국 사법기관들에서의 실질적인 제도운용 선진화 구현에
성공하기를 소망한다.

V
우리나라의 동기부여 개념

이제 동기부여와 관련한 역사적 고찰 중 마지막으로 우리나라의 특징적인 동기부여 기제 및 사례에 대하여 고찰해 보고자 한다.

1. 한국인들의 동기부여 요인 및 기제 분석

1 - 지질학적 특징

한반도는 이웃국가인 중국이나 일본과 비교할 때 지질학적 측면에서 상당한 차이가 드러난다고 생각한다. 중국에 비한다면 소위 중원지대에 비하여 우리나라는 호남이나 각 도의 일부 평야지대들을 제외한다면 그 정도로 드넓은 평원지대는 없다고 보여진다. 대신 한반도 전체에는 산악 내지는 구릉지대가 계속해서 이어진다. 이 부분 이탈리아 반도와도 유사하다고 생각한다. 2차 세계대전 당시 연합국 이탈리아 방면군 사령관 클라크 장군은 독일군 격퇴에 많은 희생을 치렀다고 기록되어 있다. 그 이유는 이탈리아 반도에는 수많은 구릉지대 및 산악지대가 계속해서 이어지기 때문이었다고 기록되어져 있다. 즉, 연합군은 이탈리아 반도의 산 너머 언덕 너머마다 일일이 매복하고 있던 독일군들을 격퇴하기 위하여 더딘, 그리고 끊임없는 병사들의 희생을 무릅쓰면서 전진하여야 했다. 이와 유사하게 한반도의 경우에도 수많은 외침들이 역사 내내 이어졌지만, 몽골의 침입 등 몇몇 사례를 제외하면 비교적 외침을 격퇴하기에 어렵지 않은 지리적 조건을 갖추고 있다고 판단된다.

다음으로 일본과의 비교인데, 첫째 한반도는 일본 열도에 비하여 현저하게 지진빈도수가 적다는 특징을 언급하게 된다. 일본의 상시적인 지반 요동·진동 현상은 수세기에 걸쳐 독특한 일본만의 정서와 문화를 형성하는데 기능했다고 판단된다. 다음으로 눈에 띄는 사항은 매년 일본열도를 거쳐가는 수많은 태풍 등의 기상현상일 것으로 보여진다. 물론 일본의 역사는 13세기 몽골제국의 일본 침공을 격퇴하는데 소위 '카미카제(神風)'로 지칭되는 태풍의 기여(공훈)를 신의 가호로 평가하곤 한다. 그래서 심지어는 2차 세계대전 말기 일본 본토를 미군으로부터 지키는 최후의 수단으로서의 자살 특공대의 명칭도 카미카제로 명명한 것을 보면 당시 세계최강 몽골로부터의 국토수호에 있어서 태풍의 존재를 진심으로 감사했음이 이해된다. 이렇듯 일본국민들은 매년 국토를 관통하는 최소 십여 차례의 태풍들과 수시로 발생하는 지진 등을 자연스럽게 정서와 문화에 융해시키면서 어떤 점에서는 빈번한 자연재해들을 강인하게 자신들을 단련시키는 신의 은혜로도 수용하는 것이 아닌가라는 생각도 들게 만들 정도이다. 그런 점에서 우리나라는 지진과 태풍에 전혀 자유롭지는 않지만 상대적으로 느긋하게 일상을 영위하는데 지리적 이점을 갖는다고 생각한다. 그럼에도 어떤 점에서

는 이러한 지리적 이점이 국민들을 안이하게 만들기도 하지 않았나 판단된
다. 이를 동기부여적 관점에서 분석한다면 그야말로 '뚝배기 성향', 즉 어
지간한 위기상황에도 한국인들은 그야말로 느긋하지만, 정말 위기라고 판
단될 때에는 오래 지속되는 강력한 동기부여 기제를 언급하게 된다.

2 - 종교

가 불교

삼국시대에 불교가 도입되어 한국인의 문화와 신념구조에 많은 영향
을 끼쳤다고 판단된다. 따라서 본 서의 주제인 동기부여 구조에도 당연히
영향을 주었을 것으로 이해된다. 먼저 삼국시대 정립기였던 서기 4세기[127]
경 불교가 고구려에서부터 시작하여 한반도에 도입된다. 당시를 전후한 불
교 교단 내 상황은 약 서기 1세기경부터 인도 본토에서 상좌부불교와 대승
불교가 분리된 후 주로 대승불교[128]가 대승·소승 분리시기 즈음하여 중국
에 전파되기 시작하였었다. 그리고 이후 고구려·백제·신라 모두 대승불
교가 호국불교로서 수용되어 군인과 일반 직업인 모두의 의식 내에 윤회와
해탈이라는 불교교리가 강력한 동기부여 요소로서 영향을 주었다고 분석
된다. 즉, 현생에서의 성실한 생활인으로서의 생애내용이 다음 생의 출생
신분 상승이나 저승에서의 복락으로 이어진다는 논리구조가 삼국 내 군인
들과 직업인들에게 치열한 자기통제 동기부여 요소로서 작용하였을 것으
로 이해된다.

그리고 불교는 통일신라시대 이후 고려시대까지 국가운영이나 개인의
종교관의 주축을 이루면서 당대에는 유교보다 더 큰 영향을 끼쳤다고 보
여진다. 그러나 주로 동남아시아에 자리잡은 상좌부불교에 비하여 우리나

라 불교의 대세였던 대승불교는 교리상 개인을 뛰어넘어 사회국가의 전반적인 구원문제에 큰 의의를 두어 유교와의 상호융화가 쉬웠다고도 평가된다. 그리하여 불교의 교리들은 한국역사와 현재의 한국인들의 전통적 정서에 뿌리를 내렸다고 평가하고자 한다. 그리고 이는 다시 한국인들의 동기부여 기제에 한 축을 구성하여 몽골과 같은 외국으로부터의 침략전쟁 발발 시 정규군에 더해 강력한 '승병'들도 호국의 중요한 축을 이루면서 큰 역할을 하였다고 기록되어져 있다.

나 유교

유교도 삼국시대에 도입되어 불교와 더불어 삼국 국민들의 의식과 행태에 강력한 동기부여 기제를 형성한 한 축이었음은 물론이었을 것으로 생각한다. 특히 고려를 이은 조선시대에는 국가의 중심 지도이념이자 의식의 기준으로서 성리학이 강력한 힘을 발휘했다. 그리고 이는 다시 군인과 직업생활인들의 동기부여 기제에 큰 영향을 주어 역사상의 여러 일화들을 만들기도 하였다. 예를 들면 전제 군주들은 수많은 사화와 정변을 고의적으로 또는 미필적 고의로 봐도 무방하게 야기시키면서 붕당구조를 정기적으로 붕괴시키곤 하였던 것으로 보인다. 그런데 이를 잘할수록 장기적으로 왕권이 안정되었던 것으로 보인다. 그리하여 많은 경우 조작 등에 의해 억울한 인명손실과 함께 현대에서는 있을 수 없는 소유권 강탈 등이 수시로 자행되어져 왔음이 조선왕조실록 도처에서 목격되곤 한다. 즉 절대 지존이었던 국왕의 권위는 이를 사납고도 능란하게 다룰수록 다른 여러 가지 실책이나 실수들은 덮혀지곤 하여. 후세의 냉정한 판단으로는 도저히 성군(聖君)으로 간주할 수 없는 왕들도 당대에는 반대로 평가되곤 했다고 보여진다. 역사는 승자의 기록이긴 하지만, 교묘하고도 교활한 생존자의 기록이기도 함을 이해하여야 한다고 생각한다. 논란의 소지는 있겠지만, 조선조 중종, 선조, 숙종, 영조 등 장기 재위한 왕들의 경우가 그러한 속성·양상 등이 더 두드러졌다고 판단된다. 그리고 그들은 붕당대립을 자기에 유리하도록 활용하는 한편, 성리학 이데올로기의 강력함을 믿고 이에 기반하여 정치국면 전환시도에 거리낌이 없었다고 생각한다. 오히려 조선시대 국민들이나 당대 사가들이 인종, 경종, 철종 같은 조용하고도 단명한 왕들을 유약하다고 평가하였음은 다시 성리학 논리에 기대어 맹목적으로 권위를 숭상하는 논리기제를 반영한다고 생각한다. 그래서 조선조에 성리학 이외의 학문들, 예를 들어 양명학이나 주희의 논어집주 등을 비판하려 한 시도들은 대부분 '사문난적(斯文亂賊)'으로 몰려 멸문지화의 대상이 되곤 하였던 것이다. 그리고 이의 배후에는 가장 높은 권위를 가진 전제군주(왕)가 존재했다고 생각된다. 그래서 성리학적 교조주의 하의 조선에는 지나치지만 않다면 증거조작이나, 또는 입증은 안되지만 거의 억지에 가까운 국민(鞫問)과 고문 등을 활용한 자백 등을 활용하여 적당하게 폭력적으로 왕권을 행사하는 것이 오히려 권장되었다고 보여진다. 반면 당대에 많은 비난을 받았던 세조의 경우, 물론 그의 왕권찬탈 과정 등이 온당하지는 않았지만, 이후의 그의 치세에 그의 부왕이었던 세종의 국력강화 정책이 제대로 결실을 봤다고도 평가된다. 객관적인 지표들은 세조대에 조선의 군사력이 무기나 훈련, 군사들의 사기라는 항목 등에서 가장 강력했던 것으로 드러난다. 그래서 교활하게 조작·무고를 일삼으면서 많은 신하들과 무고한 백성들의 목숨을 수시로 빼앗곤 했던 장기재위 왕들에 비한다면 세조나 광해군 등 당대에 평가가 낮았던 군왕들이 오히려 국민들에게는 더 유익한 지도자였을 수도 있다고 판단된다. 연산군까지야 그가 폭군이 아니었다고 말하기는 어렵겠지만, 그의 다음대에 반정으로 집권한 중종이 오히려 더 많은 폭력을 행사하여 많은 피의 희생을 야기했지 않았나 하는 반론도 제기되곤 함을 언급하고자 한다.

결론적으로 조선시대 성리학적 가치관과 무조건적인 권위에의 충성논리 기제가 군인들과 직업인들을 강제하였다고 보여진다. 그리하여 거의 절대적인 외부 동기부여 요소로 강하게 작용하여 자율적 동기부여 기제의 작동을 질식사시켰을 것으로 보여진다. 그래서 임진왜란을 예로 든다면, 전쟁 초기 동기부여 기제상 뭐 하나 이렇다 할 만한 요소도 없어 보이고, 관련 동기부여 기제도 부실했던 것으로 보여지는 정규군의 계속된 붕괴 속에서도 자발적으로 동기부여되었던 것으로 보이는 의병들과 승병들의 활약이 두드러졌다고 판단된다.

이제부터는 이순신 장군의 휘하 군사(군인)들에 대한 동기부여 역량에 대하여 언급하고자 한다. 그의 무패신화와 곡창 호남지역이 일본군의 침략으로부터 자유로웠던 이유 중 하나는 이순신 장군의 위대한 품성과 공로는 물론이거니와, 본 서의 주제에 조금 포인트를 둔다면 충무공 휘하 병사들이 윗 장들에서 언급되었다시피 강력하고도 유능한 지휘관에의 신뢰로 강력하게 동기부여되었던 점도 들 수 있다고 생각한다. 또한 병사들의 훈련과 보급능력마저도 그 누구보다 훌륭했던 이순신 장군의 노력으로 인해 휘하 군사들의 전략전술 이해도가 높아 전장에서 병사들의 자기임무 수행역량이 뛰어났던 점도 들 수 있다고 생각된다. 이와 함께 이순신 장군이 일본군으로부터 지켜냈던 지역민들의 전쟁지원 역할에 있어서도 그야말로 '군민일체'의 투철한 동기부여 양상을 칭찬하지 않을 수 없다고 생각된다. 그러므로 조선시대에 일반적 동기부여적 관점에서 모범적이면서도 무엇보다 전쟁승리와 관련된 동기부여 기제가 뚜렷하게 작동하였던 사례는 이순신 장군 승전기록들이었던 것으로 판단된다. 이런 이순신 장군의 공적과 승전의 공훈들은 자연히 성리학적 장기재위 기법에 능통했던 선조의 질투를 사게되었고, 이순신 장군은 가혹한 견제에 직면하게 되었던 것과 유사했던 상황들은 조선시대 내내 반복되었다고 생각된다. 그래도 이순신 장군이 그나마 '백의종군'이라는 형태로 목숨을 부지할 수 있었던 것은 어쨌든 충무공 외에는 일본군과의 전투에서 상황을 개선하기 어렵다고 선조가 판단했기 때문이었다고 생각한다.

토인비는 조선왕조가 6백 년이라는 세계사적으로 유례가 없이 단일왕조로서 장기간 집권을 이어갔던 사실에 대하여 경이롭다라고 심정을 표한 바 있었다. 여기에서 소결론으로서 이게 가능했던 이유로 무엇보다 성리학이라는 또한 그 유례가 드문 권위주의적 통치이념으로써 신하들을 비롯한 전 국민들을 외부적으로 동기부여시켜 겨우 숨만 쉴 정도로 만들었기 때문임을 우선 들고 싶다. 그리고 교활하고도 그야말로 압제·권위적 전제 군주들이 수시로 정부 내에 정치적 상호 견제구조를 만듦과 동시에 또한 정기적으로 대부분 입증도 안되는 구실을 만들어 고위관료들과 집권세력들을 숙청하는 것을 능란하게 하였기 때문이었던 것도 한 원인이었던 것으로 생각한다.

다 기독교

기독교로 인한 국가적 동기부여 상황은 해방 이후부터가 아닐까 생각한다. 왜냐하면 조선후기 국민들 일부가 가톨릭 교도가 되어 희생(순교)도 무릅써가면서 신앙을 지키기는 했으나, 역사적으로 의미있는 동기부여 양상은 드러나지 않았기 때문인 것으로 판단된다. 그래서 해방 이후 가톨릭과 개신교 각각에서 우리나라 국민들에게 동기부여 관점에 주었던 영향들을 언급하고자 한다.

먼저 가톨릭인데, 위 언급된 내용대로 우리 국민의 전통적 의식구조 내지는 칼 융의 집단적 무의식 내에 불교나 유교만큼 가톨릭이 상당 흔적을 남겼는지에 대하여는 추가 고찰이 필요할 듯하다. 필자의 판단으로는 유럽 등의 서구권역에서의 일상생활이나 전통적 관습 등에 깊이 뿌리 내린 양상 정도에는 현저히 못미치지 않나라고 판단된다. 다만, 멀리 계몽사조 형성에 가톨릭이 영향을 준 정도로 우리나라 근세사 시기에 계수된 각종 서구문화나 서구문명으로 인한 영향은 인정 가능하다고 생각한다. 그리고 직접적으로 관찰된 사항으로는 1972년 10월 유신시대 이후 민주화운동 과정에서 '천주교 정의구현 전국사제단[129)' 등이 신자들에게 민주화를 향한 저항과 비판 및 단체행동을 많이 이끌었던 사례 등을 들 수 있을 것 같다.

다음으로 개신교이다. 1960년대 이후 21세기 직전까지 우리 국민들의 의식구조와 동기부여 기제에 상당한 영향을 준 것으로 판단된다. 이는 16세기경 종교개혁 시기 개신교가 대세를 이루던 유럽지역 국민들의 동기부여 기제와 유사한 측면도 드러난다고 생각한다. 즉 베버의 프로테스탄트 윤리와 자본주의 정신에서 분석했던 서유럽 직업인들 동기부여 기제가 약 40여 년 우리나라 국민들에게도, 특히 개신교도들에게 유사하게 현시되었다고 생각한다.

2. 구한말 이래의 민족적 고난과 이를 극복하고자 시작된 집단적 동기부여 양상 및 관성

먼저 전제되어야 한다고 생각하는 점은 한반도의 분단으로 인해 장기적 이데올로기 냉전상황이 100년 가까이 지속되고 있다는 사실이다. 이는 해방 이후 남북분단 및 한국전쟁 등이 이어져 대한민국 국민들 입장에서는 자국 상황에 대한 인식과 비판에 제약이 따른다는 의미로도 해석된다. 즉 북한의 이데올로기를 적대적으로 평가하는 기조에서 크게 벗어나지 못한다는 말이 된다. 따라서 언급의 범위를 조금 조정하여 후대 어떤 역사적 전환기 이후 본격적으로 제기될 수 있는 '미네르바의 올빼미'적 평가와 분석 등은 유보하고자 한다.

대신 대한민국 국군의 작전역량 강화 추세와 국민들 사이에서의 긍정적 · 적극적 동기부여 고조 양상을 설명하고 싶다. 먼저 한국전쟁 당시 대한민국 국군의 작전역량이 전쟁이 진행됨에 따라 현저히 강화되었던 상황을 언급하게 된다. 전쟁 초기 국군은 미군을 비롯한 유엔군으로부터 약체군으로 평가받았던 기록들이 자주 확인된다. 그러나 전쟁이 진행됨에 따라 국군은 치욕스러운 평가를 떼어내려 노력한 정황들이 드러난다고 생각한다. 그리하여 1960년대 중반 베트남전 참전 시에는 미군으로부터 작전수행 역량과 자발적 동기부여 측면에서 높은 평가를 받았던 것으로 보여진다. 이러한 군사역량과 동기부여(사기) 상의 고평가는 지금까지 이어져 대한민국 국군의 강군으로서의 위상은 세계에서 거의 미군 다음의 반열에 선다고 개인적으로 평가하고 싶다. 다음으로 1960년대 이래 경제발전의 초석으로서의 직업인들의 동기부여 양상인데, 구한말 이후 일본에 의한 식민지화에 이어 동족상잔의 내전인 한국전쟁까지 겪으면서 우리 민족은 18세기부터 계속되는 제국주의 시대를 살아가고 있다는 집단적 자각에 이르렀다고 생각한다. 이를 촉발시킨 것은 역시 박정희 대통령의 개발독재 정책시행인데, 그 관성은 지금도 지속된다고 판단된다.

종합하자면, 구한말부터 시작된 민족적 핍박과 식민지화라는 처절한 패배상황, 그리고 6.25 한국전쟁이라는 내전으로 인하여 큰 희생을 치른 우리 민족은 뼈저린 민족적 반성과 자각을 할 수밖에 없었다고 평가하게 된다. 그리고 2차 세계대전 종전 이후 대한민국 정부가 수립된바, 이후 각 시대마다 필요되었던 다양한 리더십과 국민들의 동기부여 기제가 작동되어 군사독재시절에 이어 제6공화국 · 민주화시대에도 지속적으로 적정 기능하였다고 보여진다. 그리고 그러한 관성은 현재에도 유지되고 있어 명실상부한 강소 선진국으로서의 대한민국의 위상이 지속적으로 강화되고 있음을 강조하고 싶다.

VI
인간에 대한 유전자 차원에서의
동기부여 요인 및 기제

먼저 언급하고자 하는 내용은 제인 구달 이래 다수의 동물행태학자들을 비롯하여 진화생물학자나 진화사회학자들은 야생 침팬지 무리들을 현재도 장기 관찰추적 연구를 진행 중이라는 사실이다. 이들이 수많은 시간과 비용 등의 자원들을 소진해가면서 관련연구를 지속하고 있는 이유라면 무엇보다 인간과 침팬지가 동일하지는 않지만 유전자가 가장 유사하여 우리의 선사시대 행태를 추정하는 데 도움이 될 수 있기 때문일 것으로 이해된다. 여기에서 침팬지 무리 내 정치적 계층형성 및 관련행태 등의 연구성과들은 일단 차치하고 침팬지들의 다른 무리 간 항쟁형태들이 인간의 전쟁수행 양상과 기본행태 조건에 있어서 많은 부분 유사함에 놀라게 됨을 말하고자 한다[130]. 즉 침팬지 무리 간의 동종 살육(殺戮) 전쟁이 수시로 관찰된다는 말이다. 동종 살육전쟁의 목적으로는 영토확장을 통한 식량자원 및 자유로운 활동공간 확보를 꼽을 수 있을 것으로 보인다. 어쨌든 같은 종끼리 집단적으로 상대 무리들을 살해하고는 영역을 확장하고, 이어 확보된 영역을 주기적 또는 상시적으로 순찰·유지하는 행태가 주목대상이다. 물론 사자나 늑대 및 바다의 범고래 등 집단생활을 하는 육식동물 무리들 간에도 유사한 영토분쟁 및 상호 공격상황 등이 관찰되기는 하나, 침팬지처럼 암컷까지 포함된 무리 전체가 나서서 조직적·집단적으로 동종 살육을 불사하는 영토전쟁을 수행하는 생물종은 인간 외에는 유일하지 않나라는 생각이 든다[131]. 그래서 인간의 전쟁사는 사실상 유인원 시절이던 수백만년 전으로 소급할 수밖에 없다라고 이해된다. 다시말해 관련된 무의식적 행태들은 사실상 본능적이라는 의미로 해석된다. 침팬지 장기 관찰연구 사례로 다시 돌아가서 집단 간 전쟁수행 시 이들은 상대방 무리의 허를 찌르기 위해 최대한 조용하게, 심지어는 비오는 날을 택해 상대방이 침투하는 소리를 빗소리로 오인하게 만든 뒤 기습하는 그야말로 기만적인 '작전전술'을 구사하기도 한다. 또 무리 간 일진일퇴의 대치상황도 연출하며, 상대방 무리의 리더를 고립시키기도 하는데, 이에 성공한다면 해당 리더 침팬지 살해를 목적으로 집단공격을 가하곤 한다. 그래서 만약 리더가 살해되거나 큰 부상을 입어 리더의 역할이 불능해지는 경우에 공격무리는 많은 영역(영토)를 추가하는 데 성공하게 된다. 이어 패배한 무리 내에서는 이전 리더의 경쟁자 침팬지 중 하나가 어떤 계기로 갑자기 나서서 무리 내부 원로 침팬지나 또 다른 잠재적 경쟁자 침팬지들로부터 승인받는 형식을 빌어 새로운 리더에 등극한다. 그리고 패배한 뒤 새로운 리더를 추대한 침팬지 무리는 그야말로 '전열을 재정비'하고는 적당한 반격시기와 작전장소를 모색하려 한다. 이윽고 무리 내 어느 정도 전투가 가능한 개체들을 선발대 및 전선 지지대(본대)로 구분·편성하고는 다시 영토회복 목적의 전쟁을 전개한다. 그런데 이들이 그야말로 복잡한 전술을 사용하는 동안 구체적으로 해석되는 수화나 언어 등에 비견할만한 복잡한 의사소통 수단을 활용하는지 잘 확인되지는 않는 것으로 보인다. 물론 상당히 복잡할 수도 있는[132] 어떤 몸짓이나 울음소리 등을 조합시켜 영역확보 전쟁 수행 시 활용하는 것으로도 보여진다. 결론적으로 침팬지는 인간을 제외한 동물계에서 가장 정교한 영토전쟁을 수행하는 동물종으로 보여진다. 물론 해양 범고래 무리들은 먹이획득을 위한 집단작전을 수행하는 데 있어서 그 정교함과 지능적 교묘함에 놀라움을 금치 못하게 만들기는 한다. 그럼에도 범고래들의 동종 간 살육전쟁은 뚜렷하게 관찰되지는 않는 것으로 보인다.

위와같은 침팬지의 특성 중 하나를 인간의 원시시대 내지는 지금도 유지되는 종적 특성 중 하나로 간주한다면, 한 국가의 영토수호나 영토확장을 위한 국경침범 및 정복전쟁의 시원은 우리가 평소 생각했던 시기보다 훨씬 이전이었을 가능성이 클 것으로 판단된다. 여기에서 본 서의 관심사항 중 하나였던 외부적 요인에 의한 동기부여의 가장 큰 부분을 차지하는 전쟁 시 보상에 있어서 영토확장 내지는 수호의지가 생각보다 본능적임을 주장하게 된다. 물론 인간의 전쟁에 있어서는 위 언급되었던 각종 노획물·약탈물 분배나 사후적 금전보상 및 정복지에 대한 토지분배, 명예와 관련된 다양한 영전 수여 등이 동기부여의 중요조건으로 열거될 수 있어 침팬지의 동기부여 구조와는 질적·양적 비교는 불가할 것으로 보인다. 그럼에도 인간과 유전적으로 가장 가까운 영장류인 침팬지의 영토확장 전쟁의 기제나 양상에 따라 추정되는 동기부여 기제의 기초구조는 매우 유사할 가능성이 높아보인다. 가장 시원적인 영토확보 욕구 및 이를 위한 동종 상이집단(相異集團) 간 살육행위를 다양한 '전쟁'에 대한 정의 중 하나로 받아들인다면, 전쟁수행에 대한 인간의 동기부여 양상은 단순히 외부적 요인만이 아닌 상당히 원시적이면서 본능적이기도 할 것으로 이해된다. 그리고 내재적·자발적 동기부여 구조의 기초도 구성한다고 이해된다. 여기에서 필자는 이와 같은 동기부여 개념은 일단 보수적인 인간속성의 한 양상으로 구분할 수 있다고 생각한다. 진보·보수의 정의를 어떻게 내리느냐는 관점에 따라 상당한 편차가 있을 수 있겠지만, 일단은 의식주 등의 기본적 생존조건에 좀 더 예민한 집착경향이 보수의 한 속성으로도 이해될 수 있다고 보여진다. 그리고 한 국가의 운영방식을 논의하건대, 일단 현대 대다수 국가들의 정치체제인 민주공화정체 하의 국가라면 진보·보수 정치집권세력에 따라 방향성에 다소간 차이는 있을 수밖에 없어 보인다. 그럼에도 국가의 존립기초는 국방력에 상당부분 의존할 것이므로 소속국가 영토의 수호 및 확장에 대한 동기부여 형태는 국민, 그 중에서도 군인인 경우 자발적·외부적 동기부여 구조의 통일형태로서 진보든 보수든 유사한 형태를 보일 것으로 판단된다.

VII
동기부여 요인·기계 종합

1. 개요

위 각 장에서 각 역사시기별, 문명 권역별 군인들과 직업인들에 영향을 준 동기부여 요인들을 역사 사례들로 분석해 보았다. 그리고 침팬지 등의 사회적 유인원 연구를 통하여 우리에게 내재된 원시적·본능적 영토보존 의식의 연원이 매우 깊고 오래되었을 가능성도 고찰해 보았다. 물론 동기부여 개념 자체만 본다면 현대의 다양한 동기부여 이론들이 존재함은 사실이고, 이는 매우 중요하고도 참고가치가 높다고 생각한다. 다만, 해당 경영학 이론들은 19세기 말부터 20세기를 거쳐 급격하게 진전되어 온 고도 산업화시기에 경영효율을 극대화하는 방법들에 대하여 경영·경제학자들이 고민한 끝에 일종의 제한된 실험조건들을 개입시켜 관련 결론들이 도출된 경우도 많았다고 판단된다.

그러나 100년 남짓 된 동기부여 이론에 비한다면 역사적 사례 고찰노력을 통하여 좀 더 직관적이고도 지식통합적으로 동기부여 기제에 대한 이해도가 높아질 수도 있을 것으로 생각한다. 이를 요약하자면 먼저 선사시대 인간은 사냥 및 낚시와 과일·풀뿌리 등의 채집 등을 통하여 한 집단(가족 또는 소부족)이 만족스러운 생활을 영위할만한 영역을 필요로 했을 것이 분명해 보인다. 그래서 선사시대 인간은 이렇듯 소중한 영역을 지키거나 확장하기 위하여 이웃 집단과 영역분쟁 및 대치와 간헐적으로 전쟁을 지속하였던 것으로 보인다. 여기에서 인간의 동기부여 요소와 관련하여 가장 원시적인 명제를 언급하자면 '인간은 자기 집단의 영토를 지키는데 적합한 군인역량 구비와 군사작전 수행을 위한 도구제작 및 작전이해에 무의식적으로 동기부여되어 있다'가 될 것으로 판단된다. 물론 사냥이나 채집활동은 모든 생명체들이 공통으로 가진 생존본능적·무의식적 동기부여 기제의 기초일 텐데, 인간을 포함한 사회적 동물 중 일부는 집단 간 전쟁에도 본능적으로 동기부여되어 있을 가능성을 언급하게 된다. 그런데 인간은 여기 전쟁에 도구를 사용한 유일한 동물이기도 하다. 인간이 도구를 제작하기 시작한 때와 이유는 사냥을 위해서나 포식동물로부터 스스로를 보호하기 위함이 먼저일 수 있으나, 도구는 또한 집단 간 전쟁에도 필수적이었을 것으로 생각된다. 그래서 조금은 도전적인 가설일 수 있지만, 영토를 지키고, 확장하기 위하여 집단 간 전쟁이 격화되었고, 이러한 경쟁과 전쟁에서 우위를 차지하기 위하여 개체를 포함한 집단 내 지능 및 신체적 진화가 추동되었다는 가설을 제기하고자 한다[133]. 화석 및 고고학적 유물연구를 통한 인류진화사 연구에서 호모 에렉투스(Homo Erectus)는 인류속 중 가장 장기간 생존하였던 것으로 이해되고 있다. 현생인류의 직계 조상으로도 간주되는 이 종은 불을 난방이나 요리 등의 생활에 이용하였고, 석기 도구도 본격적으로 활용하였던 것임에 학자 간 이의가 거의 없는 것으로 이해된다. 그런데 이 호모 에렉투스는 아메리카 대륙을 제외한 전 세계에 거주공간을 지속적으로 늘렸던바, 이후 많은 유사 아종들 간과 후생 인류로 볼 수 있는 호모 하이델베르겐시스, 호모 네안데르탈렌시스, 데니소바인들과 시대마다 경쟁하였다고 연구자들은 설명하고 있다. 그 사이 유사종이었던 오스트랄로속의 여러 종들은 가설적 추측일 수도 있으나 호모 에렉투스와의 경쟁(영역전쟁)에서 호모 에렉투스의 정교하고도 치명적인 전쟁도구들로 인해 지구상에서 사라졌다고 보고 싶다. 그래서 호모 에렉투스를 포함한 인류의 조상들에게는 영역전쟁에서 승리하기 위한 전쟁무기의 혁신 및 정교화 압력이 장기간 지속적으로 강화되어 갔다고 생각한다. 그래서 이러한 상황 및 환경압력들이 원시시대 인류의 기술발전을 촉발할 수 있었던 다양한 원인 중 하나였을 가능성을 주장하고 싶다.

이러한 전쟁과 관련된 동기부여 기제들은 전쟁 상황만을 넘어 일상을 영위하기 위한 직업인 의식에도 투영되어 장인정신 내지는 직업윤리로도 재현출(再顯出)될 수 있었을 것으로 생각된다. 전쟁을 수행하기 위해서는 상호 간의 의사소통과 고도의 작전이해 능력 및 상당한 정도의 자기희생 의사 등이 통합되어 동기부여 구조와 기제를 형성하였을 것으로 생각된다. 그런데 전쟁압력이 낮은 시기에는 전쟁 수행에 필요로 됐던 동기부여 기제가 사냥이나 채집기구 제작에 적합한 도구제작 등의 장인적 동기부여 기제로 발달되었을 것으로 보인다. 그리고 농경시대 이후로부터는 협업을 통한 농작물 생산활동과 농기구 제작 및 농작물 품종개량 등으로 인류의 본능적 동기부여 기제가 확장 적용되었을 것으로 생각된다. 그리고 농경시대 이후로는 전쟁의 양상이 소부족 간 전쟁에서 대규모로 거대부족 또는 이후 국가 간 전쟁으로 확대되었다고 판단된다. 이에 따라 전쟁을 더 효율적·적극적으로 수행시키기 위한 다양한 추가적(외부적) 동기부여 요소들이 등장했다고 생각한다. 이에 대하여는 다음 장에 추가 언급한다.

2. 전쟁을 수행하거나 준비하는 군인들에 대한 다양한 동기부여 요인들

가 영토수호 내지는 영토확장^(점령)을 위한 시원적 · 내재적 동기부여 요소

이 내용 윗 장에 설명되어 있어 상세한 언급은 생략한다. 그렇지만 다시 한번 언급하자면 여러 다른 보상들이 있을 수 있겠지만, 영토와 관련된 보상심리는 가장 시원적 · 무의식적이면서도 만족도가 큰 자발적 동기부여 항목이라고 생각한다.

나 금전적 보상

해당 보상에는 많은 종류와 형태가 있을 수 있다고 생각한다.

1) 연금

해당 보상은 동기부여라는 점에서 비교적 그 수급과정이 평화로워 보인다. 그럼에도 매우 강력한 동기부여 요인이 될 수 있다고 판단된다. 대부분의 국가에서는 직업군인들에 대하여 '군인연금'을 지급한다. 노후의 기본 이상의 생활^(생계) 보장이라는 유인^(誘引)은 매우 강력한 동기부여 요소로 판단된다. 고대 로마제국에서는 외국인 등 비시민권자들에게 10년간의 군대 복무를 조건으로 로마시민권을 부여해준바, 해당 시민권에는 많은 권한과 혜택이 있었지만, 무엇보다도 국가로부터 평생 무료로 빵을 제공받을 권리도 포함되어 있었다. 이는 현대적 의미의 노후연금에 다름 아닌 것으로 이해된다.

2) 노략 – 약탈

가) 개요

고대나 근현대 전쟁사를 보건대, 자국 내 소유권이 보장되는 한, 강압에 의한 군인징집이나 국민들에 대한 전쟁물자 징발(徵發) 등은 많은 저항에 부딪치게 될 것으로 보인다. 자발적 기부는 평화로운 자국 내 군사지원일 수 있는데, 대부분의 전쟁 수행국가들은 전쟁채권이라는 국채를 발행하여 군사자금을 조달하곤 한다. 그와 더불어 역사적으로 참전국가들은 많은 금괴도 비축·활용하였다. 일제 강점기 많은 금괴들이 남해안이나 제주도 등지의 지하 및 동굴 등에 비장되어 있다는 소문은 전혀 근거없는 것이 아니었음이 여러 경로로 확인된 바 있다. 이와함께 동해 해저에는 노일전쟁 당시 일본군의 금괴보관선이 침몰해 있어 소위 '보물선 찾기' 노력이 진행되었던 바도 있다. 물론 해당 금괴나 전쟁채권 등이 모두 군사사기 제고에만 사용된 것은 아니나, 군사지휘부들은 해당 신용교환권의 일정정도 비율 이상은 군사들의 사기앙양에 사용하였을 것임은 합리적 추론으로 보인다.

그러나 무엇보다도 전쟁 승리 시, 즉 새로 영토로 편입된 지역에 대한 점령군의 약탈행위는 일단은 가장 저급한 점령행태일지도 모르는바, 그 정도는 고대·중세에 비할 바는 아니나 현대 2차 세계대전 시, 또는 한국전쟁 시에도 목격되곤 했음을 언급하게 된다. 한국전쟁 초 북한군의 서울 점령 시 조선왕조실록을 북한군이 북쪽으로 운반해 간 사건을 점령군의 '약탈행위'가 아니라고 볼 수는 없다는 생각이고, 이는 하나의 상징적 사건이기도 하므로 많은 다른 약탈행위들도 공공연하였을 것으로 판단된다. 사실 북한국의 남한 침략 시 수많은 난민학살[134]은 악명이 높기도 하거니와, 목숨이 걸린 상황에서 귀중한 보물들은 소유자들의 생명교환권에 다름 아니었을 수도 있었을 것으로 이해된다. 약탈의 대상에는 많은 경우 피점령지

주민들이나 포로들도 있을 수 있는데, 역사적으로 유명한 사례로는 임진왜란 때 많은 도공들이 일본으로 강제이주되었던 사실을 들 수 있겠다. 2차 세계대전 독일 패망 시에도 독일의 많은 과학자들이 미국으로 이주하여 제트비행기나 로켓 개발에 활용되었던 사실도 한 예로 볼 수 있겠다. 한국전쟁 당시에도 과연 납북이냐 월북이냐를 두고 논란이 많은 유명인사들과 과학자·기술자들 중 자기의사에 반하여 납북된 사례들이 더 많을 수 있다고 생각한다. 즉 우리나라는 타국 침략의 사례가 많지 않아 그 전통이나 논리가 쉽게 이해되지 않을 수 있으나, 세계전쟁사를 보면, 특히 중세·근대 유럽사 중 국가 간 전쟁 시에는 공공연하게 주로는 용병이나 직업군인들에 해당되기는 하지만 군인들의 민간 점령지역 약탈행위가 빈번했음을 잘 알 수 있다. 이를 달리 말한다면 2차 세계대전 당시 연합국의 경우처럼 처음에는 광폭하고도 강력한 독일 제3제국의 침략에 대한 방어전 성격의 전쟁을 치르다가 독일 지역을 점령했는데, 이때 독일지역에서의 약탈품들로는 주로 금괴나 다이아몬드 및 다양한 미술품들이 주종을 이뤘다 한다.

나) 2차 세계대전 후 승전국들의 관대한 점령지 정책 – 장기전략의 적중과 미 증유의 장기 평화시대 도래

그럼에도 미국은 이전 점령지에 대한 고래의 상식적 약탈과 수탈을 강력하게 억제하려 노력했던 것으로 보인다. 대신 소위 '마샬플랜'을 시행하여 패전국 독일에 대하여는 관대함을 넘어 히틀러 치하의 독일 제3제국 시기의 경제규모를 종전 후 20년 내 간단히 뛰어넘게 만들었다. 이어 전후 30년 내 유럽 제1의 경제대국으로 발돋움하는 경제적 번영의 기회를 주었다고 평가된다. 이는 전승국의 유례없는 호의적 점령지 통치정책이었다고 본다. 그런데 이를 단순하게 순수한 미국의 호의라고 보아야 할까? 물론 그건 아니라고 보여진다. 이에는 몇가지 원인이 있었겠는데, 우선은 1차 세계대전으로부터의 교훈이 크게 작용했을 것으로 보인다. 당시 프랑스를 주도로 한 연합국들은 독일에 대하여 가혹한 배상금을 부과하여 독일은 미증유의 경제적 핍박을 받았고, 이는 독일국민 전체를 막다른 골목으로 몰아붙여 히틀러의 정권장악을 유도한 것이나 다름없었다. 그러므로 승전국의 지나친 패전국 수탈은 물론 이전 유럽역사에서는 흔하게 나타났기는 하나, 단순한 국지전이 아닌 마당에 다수의 강대국으로부터 패전국에 대한 배상공세는 바람직한 결과를 낳지 않았음을 승전국들은 유념했다고 보인다. 이와 함께 2차 세계대전 승전국들은 UN 상임이사국으로서 현재 80년을 경과하는 세계 국제정치의 중심국가들임을 상기하게 된다. 이는 다시 말해 전승국의 장기적 안목의 관대한 패전국 대우정책이 세계사에 유례없는 장기 평화의 시기를 유도했다고도 보여진다.

다음 요인으로는 승전 연합국 내 사실상의 양대 주축이었던 미국 대 구 소련 간의 이념 · 체제대결 구도의 영향을 들 수 있겠다. 이는 2차 세계대전 종전 후 바로 가시화되었고, 한국전쟁 시 대리전 양상으로도 전개되었던 바 있다. 한국전쟁 당시 미국의 입장에서는 전선이 한반도 내 위도 38선에서 종전되어 세계의 양대체제가 균형을 이루는 동시에, 소속 진영의 우월성을 과시하여 최종적으로는 적대체제를 굴복 내지는 붕괴시키는 최종 결과를 예상하였다고 보여진다. 이러한 미국 측의 구 소련 붕괴계획(구도)은 성공적으로 실현되어 결국 1990년 공산권 체제의 연쇄붕괴로 귀결되었다, 그럼에도 중국과 북한, 베트남, 쿠바는 그 이념체제를 온존시켜 불행하게도 한반도의 분단상황은 80년 이상 유지되려 하고 있다. 여기에서 미국의 관대한 패전국 대우조치의 원인 중 하나가 이념대결 구도였음을 지적하고자 하거니와, 결과적으로 본다면 이 점 독일의 극단적인 국민정서를 동반한 재무장을 방지하기 위함이었다는 제1원인 가설과 함께 장기로 치면 양수겸장의 묘수가 되었음을 높이 평가하지 않을 수 없다.

　다시 한국전쟁 당시로 돌아가 한국군인들은 물론 미국 참전군인들의 희생이 가장 많았던 시기는 1951년부터 1953년 정전협상 완료 시까지였다. 당시 상당기간 전선이 교착되었던 북위 38도선 부근 고지전에 대하여 많은 자료들은 미국이 마음만 먹었다면 얼마든지 전선(戰線)을 북상시킬 수 있었으나, 미국 대통령을 비롯한 최고지휘부가 미군을 포함한 UN군의 지나친 38선 북상을 불허했다는 정황들의 배경에는 '원대하고도 정치한 2차 세계대전 승전국(UN 상임이사 5개국)의 전후구상'이 강력하게 기능하였던 것으로 이해된다.

　이어 여기에서 2차 세계대전 후 전승국 미국의 패전국에 대한 징벌적 수탈을 자제함을 넘어 오히려 패전국 전후복구를 위해 많은 재화와 용역을 아끼지 않고 시혜한 제3원인을 들고자 한다. 이에는 당시 미국의 여유로웠던 경제상황을 언급하게 된다. 당시의 국제경제 현황과 관련하여 유럽이나 일본 등은 전쟁 후유증으로 인해 경제적 처지가 말도 못하게 열악하고도 처참한 상황에 있었다. 이러한 상황을 감안한다면, 미국만 자국 내 전쟁 피해가 거의 없었던(하와이만 제외한다면) 압도적인 세계 1위의 경제대국이었다. 다시말해 미국만 생산능력을 가동하여 잉여 공산품과 농산물들을 무상 내지는 저렴한 가격으로 전 세계에 공급할 수 있었다는 말이다. 즉 '곳간에서 인심 난다'라는 우리나라 속담이 잘 맞아들어가는 경우였다고 생각한다. 이후 세계경제는 주지하다시피 미국화폐인 달러가 압도적인 기축통화로서, 심지어는 닉슨의 달러 금태환 정지 시까지는 금과의 정액 · 정량 태환도 가능했을 정도로 경제적 주도권을 행사하였다. 지금도 전 미국 대통령 닉슨의 달러 대 금 태환(兌換) 정지결정 이후 지금까지도 미국 달러화의 영향력을 그 누구도 부인할 수 없다고 생각한다. 미국의 압도적 경제적 역량은 특히 2차 세계대전 종전 후 10여 년이 가장 뚜렷했다고 평가되는바, 이 당시 미국은 그야말로 '마음씨 좋은 샘아저씨'로서 공산권을 제외한 세계 각국으로부터 온갖 칭찬과 찬사를 받는 존재였다.

여기에 한 가지 더 경제적 원조가 수반된 전승국 미국의 유럽 등 세계 경제부흥에 경주하게 만든 또 하나의 요인은 케인즈(Keynes)의 공급주도 경제발전 이론으로 생각한다. 물론 이 부분 1930년대 미국의 루즈벨트 대통령이 케인즈 경제이론에 기반한 '뉴딜'정책으로 미국경제의 난관을 극복하려 노력했고, 일정 정도의 성과도 거양하였다고 생각한다. 그러나 무엇보다도 2차 세계대전 이후 미국의 세계경제(특히 유럽) 부흥 제고정책의 기저에 케인즈의 경제이론이 본격적으로 적용되었음을 부인하기는 어렵다고 본다.

본 서의 주제인 참전군인들의 동기부여 중 하나로서의 점령지 약탈행위가 극도로 자제됨을 넘어 오히려 패전국의 번영을 유도한 그야말로 세계사적으로 유례가 없던 미국의 패전국 정책은 찬란한 성공을 거두었다고 생각한다. 개인적으로 그 이유를 규명하자면, 복수의 고리를 끊고자 하던 고심의 대책이었을 것이라고 생각한다. 그런데 이는 흡사 중국 송나라의 시조 조광윤의 유조(遺詔) 중 하나인 '문신을 사형시키지 말라'라는 조항이 이후 송나라의 문치성대(文治盛代)를 가져온 주요인으로 해석되는 역사사례를 상기시킨다. 즉, 어떤 역사적 중대 전환기에 설정된 정책기조가 공존지향의 기제로서 국민 등의 대다수 적용 대상인들에게 선한 의미로 해석된다면 그 파급효과는 장기간 큰 영향을 줄 수 있다라고도 생각된다. 그래서 본 단락의 소결로서 2차 세계대전 이후 더 이상의 추가 세계대전이 나타나지 않는 이유로서 미국이 세계사에 유례없는 공존지향적 국제정치 기조를 제시하고 이를 실행하여 세계인들에게 긍정적으로 수용되었던 점이 우선 꼽아진다고 생각한다. 그리고 핵무기라는 강력한 전쟁억지 무기의 등장도 중요한 한 요인으로 생각한다.

포심은 유례가 없는 장기간의 국가 간의 암묵적 평화합의를 도출했다는 의미로 이해된다.

다 명예와 관련된 보상

명예와 관련된 보상으로는 세습 또는 1대에만 해당되는 작위 및 영지 하사, 훈장 수여, 특정지역에 개인명 부여, 사후 신격화 추앙, 동상건립, 사후 국립묘지 안장 및 연례 배향 등이 열거될 수 있겠다.

1) 세습작위 · 영지 하사 사례

근세 유럽사에서 세습작위 수여대상의 대표적 사례로는 워털루 전투 시 영국 주도의 연합군 총사령관이었던 웰링턴 장군을 들 수 있겠다. 주지하다시피 나폴레옹은 유럽을 석권하다가 1812년 러시아 원정 시 그야말로 역전의 정병 30만 명을 동사시키고 파리에 귀환하였다. 19세기 초반 당시 나폴레옹 휘하의 프랑스군은 육상 단기전투에서는 상대할 대적군이 거의 없었다. 물론 해전에서 영국해군이 천하무적이었음은 역사서에 특별히 강조되지는 않지만 당시에는 당연한 상식이라 특별하게 언급할 대상도 아니었다. 그래서 나폴레옹이 바다를 통한 영국 정복은 불가능함을 인정하고 대신 영국을 고립시키기 위한 '대륙봉쇄' 정책을 시행한 바 있었다. 이에 영국으로서는 육상 단기전에서야 당시 나폴레옹을 제압하기는 어렵겠지만, 특히 러시아와의 연합을 통하여 유럽대륙 좌우로부터 프랑스 나폴레옹 왕국(대체로 스페인 · 이탈리아 · 현재 독일 일부와 동유럽 일부를 포함)을 압박하여 세력 균형 내지는 더 나아가 나폴레옹의 몰락까지도 기도했었다. 그랬는데, 너무 자신만만했던 나폴레옹은 늘 치고빠지기 전법으로 서서히 프랑스 나폴레옹 왕국의 안위를 위협하는 러시아를 정복하겠다고 결정하고는 무모한 동진을 감행했던 것이다. 이후의 상황전개는 주지의 사실일 것인바, 겨울

철 러시아에서의 고립 및 러시아 특유의 자국영토 초토화 대응은 막강 프랑스군의 심각한 전력약화로 이어졌다. 위 언급한 바대로 전쟁수행 시 가장 핵심일 수 있는 경험많고 노련하며 충성도 높은 다수의 병력을 상실하여 영국으로서는 나폴레옹을 패퇴시킬 절호의 기회가 왔음을 직감했을 것으로 생각한다. 이어 최후의 결전이 벨기에에 위치한 워터루 지역에서 벌어졌고, 영국의 웰링턴 장군은 이때 결정적으로 프랑스 나폴레옹군을 궤멸시켰다. 여기에서 1805년 트라팔가르 해전에서 전사한 넬슨제독을 언급하게 되는데, 그의 해전에서의 공훈도 물론 대단하였다고 평가된다. 그러나 당시 해전에서 영국은 육상에서의 프랑스군 정도로 절대 강자였기에 육상전에서 나폴레옹을 직접 상대한다는 것은 상당히 버거운 것으로 인정되었었다. 그럼에도 비록 러시아 원정 실패로 약화된 프랑스 육군이었기는 하지만, 그래도 관록의 나폴레옹 육군이었다고 생각한다. 이러한 나폴레옹군을 괴멸시켜 결정적 승리를 거둔 웰링턴 장군에 대하여 영국이 우리나라의 이순신 장군 정도로 '구국의 영웅'으로서 대우해줌은 자연스러웠던 것으로 보인다. 그래서 영국은 웰링턴장군에게 귀족작위 중 최고위급인 '공작(Duke)' 칭호를 수여함과 함께 자손들에게로의 작위 세습권과 영지 상속권까지 하사했었다. 이는 중세시대도 아닌 마당에 불과 200여 년 전 국가가 개인에게 줄 수 있는 최고의 명예 하사 사례로 보아도 무방하다는 생각이 든다. 참고로 지금도 웰링턴 가문은 공작가 지위를 유지하고 있으며, 당시 하사받은 영지도 그대로 온존되고 있다.

2) 특정지역에 개인명 부여

이런 사례는 우리나라에서도 어렵지 않게 확인된다. 서울의 충무로는 충무공 이순신 장군의 시호를 딴 것이고, 을지로는 살수대첩을 지휘하였던 고구려의 명장 을지문덕 장군의 이름을 지역·도로명으로 지정한 것이다.

영국의 예를 들면, 지금도 영연방지역인 뉴질랜드의 최대도시명이 워털루 승리의 주역 웰링턴 장군의 이름으로 정해진 바 있다. 미국에서는 건국의 아버지이자 초대 대통령인 워싱턴장군의 성(姓)을 수도명으로 지정하였고, 또 독립전쟁 당시 아무런 대가도 바라지 않고 혈혈단신 대서양을 건너와 크게 공훈을 세운 프랑스 라파예트 장군을 예우한다는 취지로 워싱턴시 내 한 광장에 라파예트라는 칭호를 정했고, 또 미국 루이지애나주에는 라파예 트시가 존재한다. 이 부분은 군사를 예로 들 때 사기제고 목적의 공적보상 차원을 넘어 개인 사후 그 은덕을 진심으로 감사하고 기린다는 의미에서 최상의 명예수여 방법중 하나로 판단된다.

3) 사후 신격화 추앙

이에는 일본 신도교리로 인정되는 야스쿠니신사 내 위패 안치 및 정기적 종교행사 시 제례 나 봉납대상으로서 추앙사례가 있겠다. 유럽에서는 기 독교 교리상 사후 신격화는 가톨릭의 '성인' 추존 등 외에는 존재하지 않는 것으로 판단된다. 그러나 콘스탄티누스 황제의 기독교 국교화 선포 이전 로마시대에는 왕(황제)을 신격화하여 예배 대상화한 사례들이 기록되어 있 다. 시저 황제 누님의 손자로서 시저의 제위를 승계하였던 아우구스투스(옥 타비아누스) 황제가 대표적이다. 그의 조각상들은 당시 로마제국 곳곳에 세워 져 시민들이 경배하도록 강제되었다고 한다. 그러나 근현대에 선도적인 국 가(소위 선진국가)에서는 일본을 제외하고는 신격화 영예수여는 거의 없다고 생각한다. 여기에서 덧붙일 내용으로 모순되기는 하지만 유물론적 세계관 을 강제시켰던 중국이나 북한에서의 모택동 내지는 김씨 왕조에 대한 신격 화 수준의 숭배 및 정기적 제례행사는 지금도 계속되고 있다.

4) 동상 건립

2차 세계대전 이래 연합국측 원수(사령관) 동상들이 유럽이나 세계 여러군데에 세워져 있다. 영국군 총사령관이었던 뭉고메리장군 동상이 벨기에에 세워져 있고, 우리나라에는 한국전쟁 당시 UN군 총사령관 맥아더 원수의 동상이 인천 자유공원에 세워져 있다. 동상의 특이한 점은 정치기류의 변화에 따라 철거되기 쉽다는 점인데, 구소련 몰락 당시 소련과 동유럽에서의 레닌 동상 파괴나 우리나라 4.19 혁명 뒤 이승만 대통령 동상 파괴사례 등이 관찰된다.

5) 사후 국립묘지 안장 및 연례 배향

전 세계 거의 대부분의 국가들에서 사후 명예수여의 한 방법으로 활용되는 형태이다. 여기에서 배향한다는 의미를 조금 고려하게 되는데, 위 신격화와의 차이가 뚜렷한가라는 의문도 들기는 하나, 공식적으로는 신적 존재로서 추존되지는 않는 단계로서 고인들의 공적과 희생을 기억한다라는 의미로 해석된다.

라 자발적 동기부여자들의 이상실현 충족감으로서의 보상

본 서의 주요관심사항 중 하나가 숭고한 사변적(思辨的) 이상에의 투신·헌신 사례분석일텐데, 여기에서의 보상은 그러한 행위를 실천하는 과정에서의 자기만족감으로도 이해된다. 위 금전·명예(사후 포함) 등과 관련하여 외부로부터의 실체화된 보상이 부여된 경우가 일반적이라고 보여진다. 그러나 본 서의 관심사항 중 하나가 가시적 보상(주로는 사후적인 명예 추앙 등) 획득이 확률적으로 매우 낮은 조건이었음에도 불구하고 자발적으로 투신한 사례들임을 다시 환기(喚起)하고자 한다. 이와 관련하여 이의가 있을 수 있겠지만, 해당 사례들은 그리 많지는 않았다고 주장하게 된다. 라파예트 장군, 스페인 내전 당시 공화국측 국제 자원병들, 한국전쟁 당시 콜롬비아와 에티오피아 등 국가단위의 참전사례 등이 열거될 수 있다고 생각한다.

여기에서 해당 동기부여 요소나 작동기제를 살펴보게 되는데, 우선은 물질적 보상이 없더라도 그야말로 뜬구름 잡는 '투신(投身)'이나 종교적 '순교(殉教)' 등은 추구대상 현실성이라는 기준에서 제외시키고자 한다. 뚜렷한 실현가능 목표와 실천역량·성실성을 보여주어야 함 등이 1차 주체적 기준으로 보여진다. 그리고 추구이상 기준일 것인데, 무엇보다 이타적이면서 다수의, 그리고 더 나아가 다음 미래세대의 공존·공영을 염두에 둔 개념으로 판단된다. 그래서 다음장에서 상설하겠지만 이를 '공존 지향성'으로 지칭하고자 한다. 그리고 필자가 보기에 진정으로 평가받을 수 있는 '이상 실현 충족감'의 대상 내지는 기준은 공존 지향성이 유일하지 않나 생각한다.

[체 게바라(Che Guevara)에 대한 소고]

체 게바라가 세계사에서 18~19세기 라파예트 장군 정도의 공존지향 동기부여의 추동자인가에 대하여는 등위(等位)상의 열위성(劣位性)이 엄연히 존재함을 전제하고 논의해 보고자 한다.

우선 그가 조력했던 쿠바의 카스트로가 미국 건국의 아버지인 워싱턴 대통령 정도 위상의 반열에 들 수 있느냐인데, 워싱턴 대통령은 세습왕조의 시조로서 등극할 기회가 있었음에도 초대 한정임기 민선 대통령으로서 집권한 뒤 명예롭게 하야하였다. 이에 반해 쿠바의 카스트로는 종신집권에 이어 그의 동생이 집권을 이어가는 일종의 세습왕조를 구축한 것으로 보여진다. 조력 대상자의 추앙할만한 위엄성·존귀성 기준에서 워싱턴 장군의 클래스는 미국과 쿠바의 국위 정도에 비례된다고 평가해도 과언은 아니라고 생각한다.

다음, 추구가치라는 측면에서 체 게바라가 지향한 공산사회주의 독재 정치체제는 이미 실패한 정치체제로 역사에 평가되고 있는바, 미국식 민주주의에 문제점이 존재하다는 주장도 있기는 하나, 미국의 정치·경제체제는 지금도 장기 인류공존과 번영의 한 대안으로서 존속하고 있음을 강조하고자 한다. 그런데 이 논제는 공산사회주의 독재체제(소위 인민 총의 에 기반한 독재체제)와 자유시장주의 민주공화정 체제의 장단점 논쟁으로도 확대될 수 있을 것이나, 다시 말하지만 역사적 평가는 이미 1990년에 내려졌고, 이제는 더 이상 논쟁거리도 되지 않음을 강조하고자 한다. 다만, 라파예트 장군과 체 게바라가 각자 추구할 이상을 선택할 때 선택의 여지나 비판적으로 검토할 능력이 있었을지에 대하여는 논란의 소지가 없지 않다고는 생각한다. 그럼에도 적어도 라파예트는 프랑스 시민혁명 당시 극단주의적 쟈코뱅파나 왕·귀족(앙시앙 레짐) 그 어느 편에서도 거리를 둔 중립노선을 견지했다는 사실이 중요하다고 생각한다. 본 서의 관심주제인 공존지향성에 부합되는 대표적 역사적 인물로서 라파예트 장군을 집중 조명한 이유 중 하나로서 그가 생명의 위협을 받으면서도 중립성을 보여주었다는 점이라고 판단된다. 그런데 이러한 정치적 또는 사익 추구 시 위험부담 정도상의 중립성은 개념상·논리상 공존지향성을 보여줄 수 있는 유의미한 특징이라고 생각한다. 그럼에도 적어도 체 게바라의 공존지향 방법설정의 오류라는 큰 문제를 뺀다면 그 순수성은 어느 정도 긍정될 수 있을 것이라고 생긱된다.

3. 공존지향 동기부여 개념

여기에서 공존지향 동기부여에 대한 정의 개념 중 하나로서 '장기적 인류공영에 기여한다.'라는 의미에 대하여 논의해 보고자 한다.

1) 유교의 대동사회 개념

먼저 유사개념으로서 공자가 예기(禮記) 예운편(禮運編)에서 말한 이상사회로서의 대동사회를 언급하게 된다. '대도가 행해지는 세계에서는 천하가 공평무사하게 된다. (중략) 사회적으로 책임져야 할 일들을 자기가 하려 하지만, 반드시 자기만이 할 수 있다고 생각하지는 않는다. 이 때문에 간사한 모의가 끊어져 일어나지 않고 도둑이나 폭력배들이 생기지 않는다. 그러므로 문을 열어놓고 닫지 않으니 이를 대동(大同)이라 한다.'[135] 이는 유교적 이상사회로서 고대 전제군주 국가체제하에서 이상적인 군주가 최선의 통치 및 민의수렴 체계를 마련하고 해당 체계의 기능적 최상상태를 유지한다면 국민들이 각자 자기 계급·신분에 맞게 그야말로 '최적 효용'의 삶을 살 수 있게 된다라고 해석된다. 사실 유교의 논리체계는 도교나 불교의 그것보다 훨씬 현실적이기도 하면서 실증적 경향을 많이 띄기는 하였다. 그럼에도 고대의 신화적 세계관을 근본적으로 부인한 것은 아니었다고 판단된다. 그래서 이러한 대동세계 개념은 실현 불가능한 '고대의 환상' 중 하나로 일단 간주하고 싶다. 왜냐하면 유교의 발상지인 중국에서는 유교가 공자 사후 진시황의 진나라를 제외한 거의 대부분 왕조의 중심 국가이념 및 지도적 정치체제였으나 시대별 각 왕조 내 국민들의 생활양상은 한번도 대동사회에 근접한 적은 없었다고 보여지기 때문이다. 대신 출생신분이나 종사업종에 따라 가족 중심으로 다른 가족과는 폐쇄적인 관계를, 즉 한마디로 문을 닫은 사회 모습을 보여주었다. 지금도 중국 베이징의 구시가지를 살펴보면 명나라의 이래의 시가모습을 보여준다 하는데, 하나같이 폐쇄적인 주택 건축구조가 노골적으로 보여진다 한다. 공자의 희망과는 전혀 반대의 사회모습일 수 있다고 판단되는바, 그럼에도 일단 공자가 그렸던 이상사회의 개념 중 '공존공영'이라는 형용개념은 본 서의 공존지향성과 유사한 측면이 있음을 발견가능하다고 생각한다.

2) 유교의 인과 불교의 자비 등의 개념

유교에서는 4단7정론[136] 중 타자의 존재를 승인하고 공생공영을 추구하는 인을 가장 중심 성정으로 간주하는 듯하다. 이 성정은 타 종교에서도 유사한 덕목들이 추구되는데, 기독교에서는 사랑, 불교에서는 자비개념을 들 수 있을 것 같다. 조건없는 공존공영의 승인행위로서 대부분 혈연관계 하에서, 특히 부모의 자식에 대한 관계행태에서는 이러한 조건없는 베품행위가 많이 관찰되는 것 같다. 이성간 남녀 교제 시에는 사랑이라는 개념의 행태가 두드러져 보인다. 이를 진화론적 논리로 자신의 유전자를 남기기 위한 노력의 와중에서 나타나는 본능적 유전자 차원의 프로그램으로도 이해된다. 그럼에도 해당 개념들은 특히 종교를 매개하여 자기와 관계없는 존재(대부분 사람이나, 불교나 힌두교에서는 사람 외에노 다른 송의 생물들도 포함한다)들에게도 관심과 존속을 염원함이 온당하다고 설파하는 듯하다. 공존지향성의 정의에 상당부분 부합된다고 판단된다.

나 유럽의 공존지향성 개념들

1) 유럽의 세계시민 개념

유럽의 세계시민이라는 용어는 먼저 알렉산드로스 대왕과 대화하였던 디오게네스의 일화에 세계시민[137]으로 번역되는 '코스모폴리탄(Cosmopolitan)'이라는 용어와 개념이 제시되었음을 먼저 언급하게 된다. 이어 로마제국 시대 스토아학파[138] 등으로부터 사해동포주의 논리로 이어졌다. 즉 로마제국 시민과 이방인들은 인간으로서 모두가 평등하게 대우받아야 함이 강조되었다고 이해된다. 그런데 여기에는 시대나 학파 등에 따라 정도의 차이가 크기는 하지만 대체로 전제조건이 하나 존재한다고 생각된다. 즉 관련개념 내 시민은 '이성'을 가져야 하는 것으로 이해된다. 그리고 '이성을 가진'이라는 의미는 대체로 남성이자 교육이나 재산수준도 나쁘지 않은 자유시민(노예나 야만인으로 평가되는 타 지역인들은 제외)으로서 온전한 정신상태를 가진 정도로 해석 가능하다고 보여진다.

근대 유럽의 계몽주의적 세계시민 개념은 인간 자체의 존엄성에 더 주목하는바, 세계시민으로의 인정조건은 로마시대나 신 앞에서의 평등이 강조되던 중세시대에 비하여 현저히 완화되었던 것으로 이해된다. 그럼에도 염두에 두어야 할 사항은 근세 이래 유럽 각국들은 제국주의적 가치관에 입각하여 치열하고도 무자비하게 식민지 거주 원주민 학살과 노동력 착취와 제국 상호 간 영토 정복전쟁에 몰두하고 있었다는 사실이다. 여기에 식민지 원주민과 전쟁 상대국 국민들을 자기 형제와 같이 대우하고 그들의 이익을 적극적으로 옹호하겠다는 진심이나 의식이 있었는지 반문하게 된다. 따라서 근세 대다수 유럽 등의 세계시민주의자들의 행태나 언급사항 등으로부터 '위선'이라는 단어가 떠오름을 말하지 않을 수 없다고 생각한다.

그리고 개인적으로는 칸트의 '영구평화론' 등과 세계시민주의자들이 설파한 다양한 논리와 기제들은 당대는 물론 현 21세기에도 그 실현은 요원한 것으로 이해된다[139]. 간략히 그 이유를 언급하고자 한다. 먼저 근현대 들어 어느 정도 합의된 세계시민주의 원칙이라면 인류 개인마다 최대한의 자유 보장과 함께 출신 인종 · 민족 · 지역이나 국적 내지는 경제적 형편 · 지위, 종교 등을 초월하여 완전에 가깝게 평등한 대우를 받는다는 내용인 것으로 이해된다. 그리고 또한 개별 국가나 민족 공동체도 개인에 대한 자유와 평등의 적용원칙 논리를 확장하여 예를 들면 약소국가라 하더라도 강대국에 대하여 동등한 대우를 받으면서 국제사회에서 완전에 가까운 독립과 자존을 유지하고, 공정한 무역 등을 통하여 경제적 착취도 받지 않는 기준을 의미할 것이다. 그러나 현실은 19~20세기 제국주의 극성시대에 국가나 민족의 약육강식 양상과 수많은 군인과 민간인 살육(殺戮) 및 제국들로부터 침탈 당한 식민지인들의 말도 안되는 비인간적 상황들을 빈번하게 목격한 바 있다. 그리고 최근 세계 약소국민들은 적어도 20세기 초중반의 극단적 제국주의 행태들로부터 어느 정도는 보호되고 있다고도 보여지지만, 다시 새로운 제국주의적 국제질서 정립 내지는 압력이 강화되고 있음을 다시 목격하고 있다고 생각한다. 그래서 인간 개인과 국가 단위에서의 자유와 대우상의 완전한 평등 등을 주요 내용으로 한 세계시민주의 또는 사해동포주의는 그 원 논리구조 그대로 실현시키기는 현실적으로 어렵다고 판단된다. 그래서 필자는 대신 차선책일 수도 있지만 그야말로 위선적·구두선(口頭禪)[140]적 세계시민주의 개념보다는 훨씬 실현이 용이하다고 생각되는 '공존의식' 내지는 '공존지향성' 개념을 제시하게 된다.

2) 공존의식과 대제국과의 연관성

위 장에서 조금 제시된 바와 같이 순수한 세계시민주의의 실현이 현실에서 난관에 부딪히는 주요 이유는 거의 완전한 자유와 평등의 가치항목들이 현실에서 충돌하기 때문으로 보인다. 즉 자유와 평등의 적절한 균형상태를 구성하여 행복가치나 정의관련 가치 등의 다른 가치들과의 일종의 파레토최적화[141]를 추구하여야 할 것인데, 서구의 일종의 이상주의자들은 해당가치들의 최대화만 주장할 뿐 각종 가치들의 조화와 균형에 대한 의식은 약해 보인다. 그래서 일정정도의 가치내용들은 구조상 완전히 구현될 수 없음을 이해하고 차선책 내지는 균형점에 만족해야 한다는 생각이 든다.

여기에서 과거 역사에서 상당규모의 제국이 건설된다면, 해당 제국 내

[핵무기와 장기 평화시대 도래와의 상관성]

　21세기를 맞이한 인류는 2차 세계대전 이후 100년을 향해가면서 더 이상의 본격적인 세계대전을 겪지 않고 있다. 이에는 여러 요인들이 있을 것이다. 일단 세계대전이 자취를 감춘 후 장기평화가 이어짐에 따라 2차 세계대전 후 세계 국제질서는 주로 전승 5개국인 UN 안전보장이사회(이하 ‘안보리’로 지칭) 상임이사국들의 합의와 판단에 좌우되는 경향이 뚜렷해졌음을 먼저 언급하게 된다. 물론 냉전시대에 주로는 미국 대 소련의 대결구도가 있었고, 당시 세계대전의 재발 위험은 상존했었음이 사실이다. 1950년대 한국전쟁과 세계의 화약고로 불린 중동의 이스라엘 대 인접 아랍국가들과의 수차례 국지전, 수에즈운하를 둘러싼 영국 프랑스 개입분쟁, 1960년대 인도-중국(당시에는 중공으로 지칭되었다) 간 국경분쟁과 중국-구 소련 간 우수리강 국경분쟁, 미국-베트남 전쟁, 1970년대 북한의 도발로 야기된 판문점 도끼만행 사건 시 국제적 긴장감 고조, 이란-이라크 전쟁, 1990년대 걸프전, 그리고 21세기초 우크라이나-러시아 전쟁 등 일촉즉발의 세계대전 비화 위험사례들이 산재해 있었다. 앞으로도 그럴 여지는 다분해 보인다. 그럼에도 왜 결국에는 세계대전으로 확전되지 않았는지 궁금해진다. 이에 대한 가장 유력한 대답은 ‘핵전쟁’에 대한 전 지구적인 공포심 때문일 것으로 보인다. 이 부분 결국 미국-러시아 등의 다수 핵무기 보유 국가로 구성된 UN 안보리 상임이사국들의 절내적인 국제실서 유지 및 분쟁 억제 역량이 충분함을 반복해서 확인시키고 있다고 본다. 이에 편승하여 전승국도 아닌 마당에 후발 핵무장 국가들도 그야말로 ‘언터처블’ 위상에 근접하고 있음도 언급하게 된다. 위 소개된 다수의 국제적 긴장고조 사건 및 국지전들은 1950년대부터 1990년 구 소련 몰락 전까지는 주로 미국과 구 소련 간의 핫라인에 의존하여 세계대전 내지 핵전쟁으로 확전되는 것을 끝까지 저지할 수 있었다고 판단된다. 그리고 다수 세계국가들의 미국과 구 소련 등의 세계대전 억지 공조에 암묵적 지지도 존재했다고 본다. 지지를 받는 소수의 절대적 무력 소유국(주로는 핵무기 보유국)들에게 명분까지 확실하니 이와 같은 국제질서 구조는 어쩌면 100년을 넘어 그 이상 유지될 가능성도 충분해 보인다. 그만큼 핵전쟁에 대한 인류의 공에서는 종족이나 언어 내지는 종교상의 상호 존중성으로서의 공존성이 강조 · 강화되었다는 명제를 제시하고자 한다. 로마제국에서는 국교가 지정되어 특히, 기독교에 대한 종교적 통일성이 강조되기는 하였으나, 로마시민권을 복속된(정복한) 타 지역의 이방인들에게도 제한적이나마 개방한 것으로 보인다. 그리고 제국 내 여러 종족들에 대한 상호존중 및 공존성을 강조하는 의미에서 스토아학파의 세계시민주의 개념 · 논리들에 대한 정치화(精緻化-정교화)를 시도하였던 것으로 이해된다. 이는 진정한 순수개념을 로마시대 스토아주의자들이 언급했다기보다는 방대한 제국의 평화와 안정을 고민한 결과물로 이해된다. 몽골의 경우에는 그 공포스러운 정복방법에 역사가들은 대체로 적대적인 평가를 내리기도 하지만, 정복 몽골군에 대하여 저항하지 않고 절대 복종한다면, 종교나 관습에 상당히 관대했던 것으로 보인다. 유교 · 한자문화권 내 중국의 경우에 장기집권 거대영토 왕조가 집권하였을 경우, 인근국가들에 대하여 사대교린을 수용하게 하여 일종의 공존공영을 구현하려 한 것으로 이해된다. 중국 명나라, 청나라 대에 조선이나 베트남, 일본 등 유교 · 한자문화권 국가들에서 해상표류 사안이 발생하였을 때 국가가 상호 적극 대처하여 융숭한 대접과 함께 본국 송환에 힘썼음은 기록에 나타나곤 한다[142].

　여기에서 다시 상당규모의 제국이 건국되어 통치하는 경우, 인접국가까지 포함하여 제국 권역 내에서는 가급적 분쟁없이, 권역 내 국가들이나 종족들의 주권을 인정하고 공존공영을 이루도록 기준이나 규약 등이 잘 규정 · 준수되었다고 보인다. 이를 보건대 어떤 상당규모의 제국이 수립된다면 해당 제국권역 내 공존공영의 세계관 및 가치관이 이상적이든, 좀 더 현실적이면서 상호 독립성을 인정하는 조건이든 형성되곤 하였음이 세계사를 둘러볼 때 빈번히 확인됨을 언급하고자 한다.

필자가 특별히 라파예트 장군의 미국 독립전쟁 의용참전 사례를 높이 평가하는 이유는 위 관련 장들에서 밝힌 바대로 추상적이고 그야말로 이상에 치우친 세계시민주의의 실현 가능한 내용들을 미국독립전쟁에 투사하였다는 점을 우선 들 수 있다고 생각한다. 즉 라파예트 장군은 영국 이주민들이 본국 영국으로부터 핍박과 착취를 당하는 상황에서 벗어나고자 하는 목적을 가지고 인본주의적 평등과 자유수호를 기치로 내건 미국 독립전쟁을 일으켰을 때 미국 독립군과 식민지 거주민들을 위하여 사실상 모든 것을 버렸던 것으로 확인된다. 당시 그는 귀족신분으로서 안온하고 보장된 생활을 버리고 조국인 프랑스로부터 수천킬로미터가 넘는 대서양을 건너와 참전하였다. 그리고 다시 당대 최강국 영국의 정규군을 상대로 거의 민병대 수준에 가까웠던 미국 독립군으로 하여금 최후의 승전을 거둘 수 있도록 지휘역량을 실전에 보여주었던 점도 다시 한번 평가받을 수밖에 없는 사항이라고 판단된다. 세계사에 위대한 장군들은 즐비하다. 그럼에도 인류 공존 공영의 숭고한 정신을 전쟁지휘관 역량을 통하여 실현시킨 인물이라면 라파예트 장군 외에는 딱히 떠오르지 않는다. 왜냐하면 숭고한 정신들은 그렇디 하디리도 대부분은 시도에 의의가 있었을 뿐인 사례들이 스페인 내진 당시 공화국 의용군 등과 같이 간혹 역사에 관찰되곤 하기 때문이다. 체 게바라의 경우는 실현된 결과가 원 의도와는 다르게 나타난 이상주의자로 이해되는데, 볼리비아에서의 무모한 혁명시도와 이후 처형된 사실로 볼 때 역량있는 군인(지휘관)은 아니었다고 판단된다. 라파예트 장군은 미국 독립전쟁 성공 이후 귀국하여 프랑스 시민혁명을 겪게 된다. 이 와중에 시민파와 국왕파 중간에서 루이16세의 목숨을 지키기 위한 일련의 노력을 다하였으나, 결국 영국 청교도혁명 당시의 찰스1세와 유사한 경로와 과오를 지속하던 루이16세는 왕비 마리앙투아네트와 함께 시민혁명군에 의해 목숨을 빼앗긴다. 그리고 라파예트 장군도 반혁명자로 지목되어 이후 그의 생애는 로베스피에르 혁명정부로부터의 사형판결과 이로부터의 도피로 인해 고달픈 행로가 이어졌다. 그리고 결국 오스트리아군에 의해 체포되어 투옥생활을 장기간(제정 나폴레옹 시대까지) 이어가게 된다.

여기에서 라파예트 장군의 행동의 동기부여 요소를 검토하건대, 스토아 학파의 세계시민주의 논리와 근대 계몽주의 개념으로부터 실현 가능한 형태로서의 '공존지향성'을 추구하였다고 이해된다. 덧붙여 라파예트는 나폴레옹 치세기와 몰락 등 이후 말년에도 현실적인 자유와 평등, 정의와 인류애가 조화롭게 조합된 체제를 민주공화정 국가체제 하에서 구현하려 노력하였고, 그의 이러한 노력들은 프랑스 제3, 4, 5공화정 시기에 상당부분 반영되었던 것으로 판단된다. 그러나 그의 사후 민주공화정 국가로서의 프랑스는 외형적 공화정체를 유지하면서도 추악한 식민 제국주의 행태를 지속하였다. 이 점 라파예트의 당시로서는 최선의 현실적이면서도 정제된 계몽주의적 인본주의 정신을 다수의 프랑스인들이 적극적으로 배신하였던 증거로 이해된다.

2천여 년 전 등장한 이후 세계시민주의자 및 이를 이은 계몽주의자들의 이상지향적 논리들은 정제(整齊) 및 모순극복 노력을 지속하였던 것으로 판단된다, 그럼에도 불구하고, 개념 및 논리 자체 내, 예를 들면 자유와 평등 간 논리의 부조화 등으로 인해 순수한 이상형태(理想形態)로는 사실상 실현이 불가능함을 그들도 인정할 수밖에 없었던 것으로 생각한다. 이를 마사 누스바움은 그녀의 저서[143] '세계시민주의 전통 – 고귀하지만 결함있는 이상'에서 스토아 학파의 세계시민주의 논리 내 모순 및 정의의 의무와 물질적 원조 의무 간 분지(分枝) 등으로 설명한다고 생각한다. 그러나 세계시민주의의 파생 내지는 실현을 염두에 둔 완화된 개념으로서의 '공존지향성'

개념은 과거 알렉산드로스 대제의 마케도니아 왕국, 로마제국, 중국의 통일왕조들, 인도의 통일왕조들에서 부분적으로 구현되었었다고 판단된다. 그리고 해당 공존지향성 개념은 세계시민주의 내 일부개념들과 발전적으로 융합되어 실현가능함을 주장하고자 한다. 그리고 이 개념이 이후 더 정제(整齊)·정치(精緻)되어 향후 인류의 번영을 위한 과제를 해결하는 데 일종의 원칙개념으로써 활용되기를 희망한다.

4) 계몽주의의 서자로서의 마르크스 공산사회주의[144] 실험의 실패

마르크스 공산사회주의는 근대유럽 계몽주의[145]의 서자로서 결국 사이비과학으로 판명난 도그마 추구가 인간본성(본능) 및 현실조건 등과 충돌하여 실패한 실험사례로 평가하고 싶다. 여기에서의 인간본성은 소유욕구로 판단되고, 현실조건이라면 예정되었던 공산당 독재가 소수 엘리트에 의한 전제적 독재체제로 귀결될 수밖에 없는 필연적 변화양상 및 파국이 전제(예상)된 사체 기세(메카니슴-Mechanism) 등으로 생각된다. 즉 구소련 몰락 전 공산주의 정권들은 국민들의 소유욕구를 극단적으로 부정하면서 일종의 참주제적 독재정부(정치체제)라는 괴물을 탄생시켰다는 의미이다. 그리고 순수에 가까운 공산주의 정부는 소련의 붕괴로 역사의 뒤안으로 사라졌다고 평가된다. 그래서 중국이나 베트남 등의 공산당 정권들은 인간의 소유욕(소유권)을 어느 정도 인정하여 애매한 국가사회주의 겸 변형된 자본주의 체제를 존속시키고 있음도 관찰된다. 물론 북한과 쿠바 등은 대세에 영향을 줄 수 없는 변방국가이므로 예외로 치부하고 언급을 생략하고자 한다.

여기에서 계몽주의의 공과를 언급하고자 한다. 영국은 명예혁명 등 유럽보다 앞서 시작된 민주주의의 전통과 뉴튼 등의 과학기술 발전으로 유럽본토보다 근대화에서 앞섰던 것으로 평가된다. 이에 유럽본토 국가들은 영국의 발전상에 자극받아 18세기경 유럽 본토에서 계몽주의를 발흥시켰다고 설명된다. 그리고 해당 논리 및 기제(메카니즘-Mechanism)의 발전과 다양한 방향 가능성을 제시하기 시작하였고, 자유와 평등의 보장 및 인본주의(휴머니즘) 지향을 주요원칙으로 내세웠다고 이해된다. 그러다가 계몽주의는 산업혁명을 거치면서 큰 충격을 받게 되는바, 이에 적절하게 대응하지 못한 점을 지적하게 된다. 즉 산업혁명기의 국가가 생산력 증대라는 큰 과실(果實)을 현실적 시각에 입각하여 공정분배에 정책적 역량을 몰두시켰어야 했으나, 근시안적인 정부나 지식·지도층 엘리트들은 별다른 고민 없이 인간의 탐욕이라는 두얼굴의 동기부여 요인의 부작용을 간과하여 극심한 빈부격차를 방치시켰다고 생각한다. 그리고 이같은 태만이나 무지 경향은 계몽주의 성향의 사람들도 마찬가지였어서, 예를 들면 산업혁명기 J.S.밀은 시대의 요구에 대하여 정면으로 대치·고민하지 않은 채 정치(精緻)한 자유개념 해설에만 몰두하였던 것으로 이해된다. 그의 '자유론'146) 등의 논지들은 당대를 넘어서는 훌륭한 제언이었음에 틀림없으나, 시대적 과제로부터는 상당 거리 이격(離隔)되어져 있었던 것으로 판단된다. 대신 마르크스 공산사회주의자들을 비롯한 여러 사회주의 이론가들이 당대 사회경제구조에 대한 개혁·개선을 주장하기 시작하고 있었다. 그리고 그중 가장 유력했던 마르크스의 이론에 대한 실험은 위 언급된 대로 20세기말 해당 국가들의 정치·경제체제의 지속 불가능 및 자체적인 체제개선도 불가능한 실정 등임을 인정하고 1990년을 전후하여 대부분 붕괴되었다. 이 중 먼저 구 소련의 예를 간략히 살펴본다면, 1917년 볼셰비키 혁명 후 상당기간 집권 공산당은 수구 왕당파와 내전을 겪었고, 토지공유 및 사유재산 불허 등을 국가운영 기본원칙으로서 집행하였던 공산사회주의 국가독재체제가 스탈린 정권 및 그 이후까지 지속되었었다. 당시는 공산사회주의 실험 초기였던 데에다, 히틀러의 2차 세계대전 도발로 구 소련국민들은 많은 희생을 치르면서 기존 공산사회주의 독재체제를 어쩔 수 없이 지지했었을 것으로 보인다. 생각해봐도 독일 제3제국은 잔인하기 이를 데 없이 인종청소를 서슴지 않았다. 또 구 소련 침공 초기에는 수많은 우크라이나 등 동유럽 국가 주민들을 그야말로 별다른 이유없이 슬라브 인종을 소멸시킨다는 이유만으로 학살을 지속했던 사실을 구 소련의 주류였던 구 러시아인들은 뚜렷하게 목격했다. 그래서 러시아인들을 주류로 한 구 소련인들은 공산사회주의 지지의사로부터라기보다는 그야말로 나치독일의 학살에 대한 공포로부터 살아남기 위한 발버둥을 계속했고, 공산사회주의 특권층은 이를 바탕으로 공포독재를 체제몰락 시까지 지속했던 것으로 보인다.

그리고 2차 세계대전 종전 후 냉전시기 공산사회주의 권역의 종주국을 자처했던 구 소련의 국제정치 기조도 좁은 시야로써 치졸한 행태를 지속했다고 판단된다. 예를 들면, 중공과의 우수리강 국경에서의 군사충돌[147]시 전세가 불리하게 돌아가자 당시 공산당 서기장 브레즈네프가 핵미사일 사용을 허락하기 직전이었다고 기록되어져 있다. 그런데 이를 억지시켰던 유일한 국가가 미국이었다는 사실을 상기하더라도 공산사회주의의 비이성적 제국주의화 또는 극단적인 자국이기주의 추구현상을 인정하여야 될 것으로 생각한다. 이와 비슷한 또 다른 사례는 1979년경 벌어진 중국(중공)의 공산베트남과의 국경분쟁일 것으로 보인다. 공산권 국가 간의 국경분쟁이나 일종의 타국가 영토에 대한 정복전쟁들은 프랑스의 시민혁명 정신을 배반한 나폴레옹의 유럽 내 타국가 영토점령 및 이후의 프랑스 제정화 시도나 19세기 중반부터 시작되어 20세기 중반까지 베트남이나 알제리로부터 철수하기 전까지 보여줬던 프랑스 시민혁명 이후 프랑스공화국의 제국주의적 행태들과 판박이라고 판단된다. 그래서 공산사회주의는 사유재산 금지나 지속적인 반혁명분자 숙청 등의 가혹한 국민들의 희생[148] 강요의 의미는 뒤로 한 채 또 다른 어처구니없는 야만스러운 제국주의적 행태들을 그대로 반복해서 보여주었다고 판단된다. 그래서 공산사회주의는 전혀 발전된 역사의식을 현시하지 못한 채 다른 다양한 이유들과 함께 실험적 의미만을 남기고는 역사의 뒤안길로 사라졌다고 판단된다. 그런데 중국은 민첩하게 덩샤오핑 주도로 기존의 공산사회주의체제를 유지하면서도 사유재산제를 인정하는 일종의 변형된 자본주의와 사회주의 혼합 정치경제체제로 국가운용 방향을 변경하여 국가가 유지되고 있는 것으로 이해된다. 그리고 다시 한번 북한과 쿠바는 세계 정치질서의 변방 소국들로서 세계사적 언급 가치는 거의 없는 사례들로 판단되어 언급을 생략하고자 한다.

요약컨대 다양한 계몽주의 적용방안 및 여타 개념들은 20세기 들어 주류든 비주류든 시대적 과제를 충분히 감당하고, 장기적으로 적용될 수 있는 확고한 기제나 유연한 체제를 갖추지 못했었음이 확인되었다고 생각한다. 그럼에도 계몽주의는 각종 사회과학 분야의 기초로서의 애매한 역할기능들은 존속, 즉 숨은 쉬고 있는 것으로 생각한다. 대신 각국 정부들은 경제학·통계학이나 각종 난삽하고도 정의를 지향하는지 의심스러운 법률이론들을 국가통치에 활용하는 한편, 발전 중인 과학기술을 적극 활용하여 고속성장 중인 국제자본 기업군들과는 힘겹게 조정·타협 중인 것으로 판단된다[149]. 한편으로는 기본적으로 약육강식·적자생존 원칙의 제국주의적 국제정치 질서 유지양상은 지난 19~20세기 초에 비해서는 상당히 완화된 강도로, 그러나 5개 2차 세계대전 승전국 주도하에 여전히 '현재진행형'인 것으로 보인다.

다 지속가능 발전[150] 개념

해당 개념은 1987년 개최된 세계환경개발위원회(World Commission on Environment and Development, WCED)에서 제시된 「우리들 공동의 미래(Our Common Future)」(브룬트란트 보고서)를 통해 처음 제시되었다. 여기에서 지속가능발전(Sustainable Development, SD)은 '미래세대가 그들의 욕구를 충족할 수 있는 기반을 저해하지 않는 범위 내에서 현세대의 요구를 충족시키는 발전'으로 정의된다. 이 의제의 주요 충돌 이해분야는 경제발전과 환경보존 즉 미래세대의 생존권(또는 행복권)으로 이해된다. 다시 말해 현존 인류의 탐욕이 미래 후세 인류의 생존을 위협할 수 있다는 우려에서 본 의제가 제기되었다고 보여진다. 그런데 해당 개념과 대처방안 등은 본 서의 주요 관심사인 공존지향성과 충분히 병렬 또는 융합확장이 가능하다고 생각된다. 그리고 현재의 인류 및 자연환경 요소들만이 아니라, 후세 인류의 번영과 지구환경의 건전한 지속성을 지향한다는 의미에서 공존지향성 개념을 미래로 확장시킬 수 있을 것으로 생각한다.

라 진화론 개선 필요성

진화론에서는 친족 선택[151] 및 이를 수학적으로 발전시킨 해밀턴의 포괄석합노[152] 이론이 세안된 바 있나. 즉 어떤 개제가 자신의 유진자를 더 많이 공유할수록 자신의 생존이 유지되는 한 자신의 에너지와 시간을 관련된 개체에게 주는 것이 모든 생물들의 기본적인 속성이라는 의미이다. 이는 그야말로 반공존적 · 친족우선인 일반생물들의 성향을 설명한 이론으로 이해된다. 그런데 해당 이론을 포함한 여러 형태의 진화론 이론들은 대체로 '적자생존'적 시각으로 야만적 타국가 국민들에 대한 살육을 정당화하는데 기여했다는 비판도 가능하지 않나 판단된다. 그리고 지금도 큰 변화가 없는 강대국들의 '제국주의 행태'의 정당성을 지지하는 역할의 관성은 유지되고 있는 것으로 보인다. 물론 20세기 중반부터는 '우연성'을 중시하는 다양한 진화이론들[153]이 지지를 받기 시작하였다. 키무라모토(木村資生)와 같은 학자는 '우연성(키무라는 '운(運)'이라고도 표현한다)'이 생물종 존속의 가장 큰 요인이라고도 설명한다[154]. 비근한 사례를 하나 들자면, 지금으로부터 6,500만 년 가량 전 백악기 말 시대 공룡들은 무적의 최적자(最適者) 생물군이었다. 그런데 대형 운석이 지구를 충돌하자 공룡종 대부분이 멸종하였고, 그동안 공룡들의 위세 눌려 간신히 종적 생존만을 유지하던 포유류들이 공룡이 사라진 지구의 최강자로 자리매김하여 지금까지 그 위세가 유지되고 있는 사실을 들 수 있겠다. 그리고 이 주장은 시대를 확장하여 과거 지구의 오르도비스기, 페름기의 '생물 대멸종'을 설명할 때 '대격변 요인(사건)'들이 수많은 생물종들의 운명을 크게 좌우했던 사실에 기반함을 부연하고자 한다. 그래서 '적자생존'론은 결과론적일 뿐만 아니라 화석적 불연속성을 설명하는데 불충분해 보인다는 점을 들어 정치(精緻)한 과학분과로 인정하는데 망설여진다는 개인적 의견을 제시하고자 한다. 그러나 창조론을 지지하자는 이야기는 아니다.

여기에서 중요한 점은 일면 서구의 제국주의 행태를 지지하는 이론으로서 의심받아 온[155] 진화론의 일부 논점(연구방향)을 최대한 '공존'을 강조하는 환경보호론 및 기존 동서양의 공존논리들과 합리적으로 융합시킬 필요성이라고 생각된다.

아래에 공존지향 동기부여 기능에 필요한 몇가지 조건들을 논구하고자 한다.

마 공존지향 동기부여 조건

1) 외부침입 격퇴를 위한 군사적 역량 보유

위에 수차례 인간의 동기부여 기제에 대한 설명 시 군사적 역량보유 여부가 동기부여 차원의 고도화 여부를 떠나 자신과 소속 조직 및 국가의 생존과 번영의 기본전제를 구성함을 언급하였다. 그렇다면 공존지향적 동기부여 조건하의 국가 연합체 내지 초국가적 통괄기구가 구성·운영될 때에도 관련 체제나 국가 간 결속을 위협하는 군사적 공세를 결연히 격퇴시킬 수 있는 국가 및 지휘관·군인 개인의 군사적 역량 보유가 필수적일 것임은 당연한 전제사항으로서 간주하고자 한다. 종교적 분쟁과 자원 분배에 대한 불만 및 다양한 가치관 충돌로 인해 로마제국이 몰락된 사례와 같은 군사충돌과 쿠데타 기도 등의 양상이 예상된다. 그러나 이러한 도전들은 반드시 격퇴·종료시켜야 할 군사목표일 것으로 판단된다.

그리고 이전 시대처럼 허울좋은 이상론을 앞세우면서 사실은 새로운 제국주의적 야만행태를 반복하는 행태들은 가장 주의해야 할 경계대상이라고 생각된다.

2) 공정한 소유권 보장

원형에 가까운 공산사회주의 제제유시 실패의 가장 큰 원인이라면 우신은 인간 내지는 어쩌면 많은 영장류들의 본능으로서의 '소유의지'를 적극적으로 부인한 것으로 판단된다[156]. 그리고 공산당 일당독재 장기집권 후 계획경제의 구조화된 외부(externality) 조정이 일상화되게 되었다. 그런데 소유권이 부정된 상태에서도 '공정성에 대한 만족도'라도 국민들이 누릴 수 있어야 그래도 체제가 어느 정도는 유지될 수 있었겠지만, 공산당 간부 위주의 특권층이 자원의 상당수를 소비하면서 국민 위에 군림하여 결국 체제붕괴는 현실화되었다고 판단된다[157].

여기에서 소유권에 대하여 언급하자면 일방적 소유권만 인정되는 사회나 시장은 그야말로 '약육강식'의 만인의 만인을 위한 투쟁의 전쟁터화될 것으로 생각한다. 그런데 공정한 거래기준 설정과, 이 기준을 위반할 때 주로는 국가가 최대한 강제력 행사를 자제하면서도 시장 참여자들이 상당 정도의 거래공정성을 충실하게 이행시킨다면, 해당 시장은 활성화를 넘어 시장이 구성하는 경제권역 내 번영을 견인할 수 있을 것으로 생각한다. 이러한 논리에 대한 경제학적·법학적 기초이론으로서 '코스의 정리'가 시사(示唆)하는 바가 적지 않다고 생각한다. 코스는 그의 정리[158]에서 규칙(법적 제재)보다는 거래비용이라는 용어를 사용하였는데, 정부나 시장 조정자가 거래비용을 최소화시켜 시장참여자들의 거래환경에 대한 신뢰도를 제고시킨다면 해당 경제권역 내 파레토 최적화, 즉 경제적 번영을 구현할 수 있음을 주장하였다. 코스는 파레토 최적화를 위한 조건으로서 정보의 제공, 소유권(property right)에 대한 적절한 정의(well defined) 등의 필수요건들을 열거하였다. 그런데 그는 실제 시장에서의 거래비용은 상당히 낮아 웬만하면 효율적 거래가 가능함과 함께, 그의 정리가 경제적 결과(outcome)를 예견하는 도구로 사용가능하다고 겸손하게 자신의 이론을 평가한 바도 있다. 여기에서 '거래비용 최소화'는 정부의 최대한의 시장 불개입(이의 반대개념으로서 몰락한 공산사회주의 국가들의 계획경제 체제하에서는 상시적 정부개입-externality-을 전제한다)을 통한 자유롭고 효율적인 소유권 보장 및 행사 환경(효율적 시장 형성조건) 구현을 유도하게 되며, 또한 이러한 기제에 의한 기업활동의 활성화 기능도 수반할 수 있음을 언급하게 된다.

그리고 본 서의 주제와 관련하여 코스를 비롯한 경제학자나 법학자[159]들이 국가가 소유권 보장제도와 규범을 충분히 그리고 충실하게 설정하고, 시장 내 거래 시 정부 등으로부터의 외부개입(externality)이 최소화되도록 하여야 한다고 주장한 이유 중 하나는 동기부여와도 관련이 깊기 때문으로 생각한다. 즉 대부분의 인간행위와 관련된 동기부여 상황에는 소유권 보장과 이에 대한 신뢰가 필수적이라고 판단되기 때문이다. 그래서 구 소련 등의 소유권 불인정 경제체제의 필연적 몰락 사례와 함께 코스의 이론 등을 통하여 공존지향 동기부여 기제의 작동에 전제되어야 할 현실적·필수적 조건이 '공정한 소유권의 보장'임을 다시 언급하게 된다.

위에서 살펴본 대로 공존의 필요성을 의식하는 데에는 사람들이 공유하는 공간의 동일성 인식이 기초조건 중 하나일 것으로 판단된다. 역사적 사례로 볼 때 위에 거론된 바 대로 로마제국 극성기에 세계시민주의라는 개념이 스토아주의자들 사이에서 진지하게 논의된 바 있었다. 그리고 중국에서는 통일왕조 융성기가 다가왔을 때 중화주의라는 개념으로 인근국가들을 한 문화권역으로 통합시키려 시도하였고, 권역 내 각 국들은 조공이라는 형식을 통하여 중국을 제외하고는 상호 평등하게 대우하였던 것으로 이해된다. 물론 각 국내 신분제상의 불평등은 전제될 수 있지만, 적어도 지배계급이었다면, 중국을 포함한 공동체 권역 내에서는 한자를 통한 필담이 가능하였고, 비 중국인이라도 차별받지는 않았음이 여러 기록[160] 등을 통하여 확인된다. 즉 상호 국가 간 침탈과 살육을 극히 경계하고 금하는 자각의식을 권역 내 국가 모두 공유하고 있었고, 최종적으로는 상호 협조히에 공영('태평성대'로도 표현가능하다)을 도모하였던 것으로 보인다. 그래서 거대 공동체 권역 내 거주인들은 원형상태의 공존지향 방향으로 동기부여된 행위자들 또는 적어도 공존지향성의 필요성은 인식하였던 자각자(自覺者)들이었다고 판단된다. 그리고 이러한 사례들이 시사하는 점은 서유럽으로부터 발발된 16세기 이래, 특히 18세기~20세기 초까지의 제국주의 광분시기에 인간의 공존의식은 가장 위협을 받았다고 판단된다. 그래서 향후 인류의 장기번영을 위해서는 UN이 현재로서는 일종의 형해화된 기구일 수 있으나, 유연하든, 조금 이상 강직된 형태이든 실질적 강제력이 전제된 세계공동체기구 산하 공존공동체 권역 구성이 시급하게 필요됨을 언급하고자 한다. 그렇지 않다면 인류는 엉뚱하게도 과학과 기술의 혜택을 충분히 향유할 조건을 스스로 마련하고도 상호살육 의지와 의식이 일상화된 암흑기 내지는 비이성적·자기파멸적 야만의 시대가 그야말로 의식의 전환기 전까지 계속될 것으로 예측된다.

이 장의 주요의제라면 본 서에서 고찰하고자 하는 최고단계로서의 공존적 동기부여 모형을 실행할 때 필연적으로 사전에 조정·고려하여야 할 사항들로 판단된다. 계몽주의의 고귀한 유산으로서, 인류가 계속 지향하여야 할 덕목들 가운데 자유와 평등 항목들은 상호 충돌되는 가치들임이 쉽게 이해된다고 생각한다. 저명한 자유론자인 J.S. 밀도 무한한 자유에 대하여 타인의 권익을 침해할 수는 없다고 선을 긋기는 하였다. 그러나 그가 평등이나 전지구적 정의에 관하여 크게 고민한 흔적은 드러나지 않는 것으로 보인다. 반면에 J. 롤스는 좀 더 입체적인 자유와 평등, 그리고 정의의 실현 구조를 고민했다고 보여진다. 비현실적인 자유의 확장만이 아닌, 무지의 장막(베일)을 쓰면서 모든 인간들의 입장을 고려하는 한편, 이러한 과정을 통하여 모두가 만족할 수 있는 합리적 양보의 한계를 제시한 롤스의 통찰은 상당 부분 공존적 동기부여 실현의 중요한 이론적 기초를 형성할 수 있다고 판단된다.

이 부분에서도 서구의 전통 중 세계시민주의 정신과 제국주의적 야만적 습속(행태) 간의 도저히 좁혀지지 않는 간극이 발견된다고 생각한다. 그러므로 서구의 다양한 이상주의 구호들은 서구 내부적으로는 의회민주주의나

3권 분립 시도 등의 일부 해당 덕목들 구현에 더딘 진척은 드러난다고 생각한다. 그러나 역사는 서구가 그들을 제외한 다른 외부세계에 대하여 만큼은 그들의 이상주의 개념들은 그야말로 구두선(口頭禪)에 불과해질 뿐이라고 평가하지 않을 수 없다라고 생각된다. 아프리카나 오세아니아, 아메리카 등의 식민지 민중들을 그야말로 영혼 없는 짐승취급하기를 서슴지 않았다고 판단된다. 그리고 중동이나, 중국 등 유교·한자문화 권역, 인도 권역 등의 적어도 문명권역에 대하여도 공존 대상이라기보다는 기회만 생기면 약점을 잡아 수탈과 착취를 수없이 자행하였음이 그대로 근현대 세계사가 기록하였다.

따라서 현실적 평등이나 전지구적 차원의 정의를 진지하게 고민하지 않는, 또는 의도적으로 외면하는 소위 '자유주의지상론자'들이 근현대, 특히 서구에 많이 존재했고, 지금도 전지구적으로 중요한 결정과 집행을 여러 분야에서 행하고 있다고 생각한다. 그러나 필자 개인적으로 판단하기에 그들의 의식 한편에는 인류사에서 근본적으로 추출하고 싶은 '약육강식과 동종 살육의 피를 뒤집어 쓴 제국주의의 그림자'가 짙게 드리워져 있다고 보인다. 그래서 밀의 가능한 최대의 자유개념은 존중하나, 이에는 정의와 평등의 동시실현을 고민한 롤스의 논리구조가 기저에 작동하여 개념 간의 논리적 충돌을 '숙고와 소통을 경유한 절차들'(proscesses through deliberations and communications)로 절충시켜야 할 것으로 판단된다. 즉 결코 어느 한 논리개념 만이 옳다고 고집해서는 안됨을 강조하고자 한다. 그리고 이와같은 겸허한 토론과 숙고 등의 '적정 절차(due process)'를 통하여 미래 공존지향 동기부여로 충만한 후세인류가 지구상에서 번영과 평화를 영구적으로 구가(謳歌)할 수 있기를 희망한다.

　세계시민주의 이론의 선구자 키케로[162]는 그의 '의무론[163]' 저서에서 해석[164]상 애매한 부분도 없지는 않지만 로마시민들은 변방 이민족들에 대하여 원조의 의무를 진다라고 언급한 바 있다. 그런데 위에서도 언급한 바대로 서구의 동기부여 의식은 기본적으로는 야만적 제국주의(또는 무자비한 정복주의)에 경도되어 지금도 크게 바뀐 것은 없다고 판단된다. 그래서 키케로의 의무주장 내용은 이후 서구역사에서 반복되는 이상주의 주장 중 하나로 이해된다. 그런데 서구역사에서는 이런 일부의 이상주의 전통과는 반대로 현실에서는 그야말로 야만적인 약탈, 학살 및 맹목적 영토확장 지향의 원시적 파괴행태를 반복해서 드러내곤 하였다고 생각한다. 이는 흡사 융이 주장한 집단 무의식 현상으로서의 집단전통적 의식분리(무의식적 다중인격) 현상과도 유사해 보임을 지적하게 된다. 이 부분 자유론자들의 무책임한 자유권 행사 시 면책요구 주장과도 궤를 같이하지 않나 판단된다.

　그러나 지금이야말로 실권을 행사할 수 있는 개혁된 UN 내지는 이를 대체할 세계 통괄집행기관(기구)이 권한을 위임받아 전 지구적 차원의 각종 과제들과 실질적인 저개발국가 지원정책들을 적극 추진해야 할 때라고 생각한다. 왜냐하면 먼저 인류의 집단의식 내 인간 종(Homo Sapiens)은 지구를 벗어날 수 없고, 지역(지엽)적 전쟁이나 주로는 원자력 사고[165]가 막대한 전 지구적 영향을 줄 수밖에 없다라는 명제가 수용되고 있다고 생각하기 때문이다.

[인간의 지구탈출 가능성에 대한 소고]

　여기에서 인간이 지구를 사수(死守)할 수밖에 없는 이유를 잠시 살펴보고자 한다. 일론 머스크 등의 화성 거주지화 개발론자들과 고(故) 스티븐 호킹

박사 등 지구 외 행성 개척 및 이주 필요 주장자들이 주로는 서구를 중심으로 100년 넘게 일종의 '지구 기각론(地球 棄却論)'을 지속적으로 언급하고 있음이 알려져 있다. 그런데 인간의 달 착륙 이래 화성으로의 착륙이 장기간 지연되고 있는 이유를 먼저 고민하여야 한다고 생각한다.

이러한 지구탈출 시도가 사실상 불가능해 보이는 이유로서 첫째 인간(인간의 신체)이 1년 이상의 무중력 상태[166]를 극복할 수 없다라는 사실을 들고 싶다. 스페이스셔틀이라는 지구 대기권 밖 장기체류 우주기지로부터 1년여를 보낸 장기근무자들이 지구로의 귀환 직후 상당기간 정상생활이 불가능하였음이 드러났음을 먼저 언급하게 된다. 그들이 1년여 넘게 무중력 상태에서 생활하였기 때문에 이러한 문제점을 나타냈던 것임을 직관적으로 알 수 있다. 그리고 이들의 정상생활 복귀 시까지에는 지속적인 노력. 즉 사망 전까지 중단없는 지구중력에의 적응운동 없이는 (유사)정상생활로의 복귀 자체가 불가능하다는 의미이다. 다시말해 인간의 신체가 무중력 상태에서 1년 이상 거주하게 되면 인체에 회복불가능한 악영향을 준다는 사실이 확인되었음을 의미한다.

그리고 두 번째 이유로서 지구를 떠나 태양계 내·외 다른 행성에서의 장기간 독자생존이 어렵다는 연구결과들이 축적되고 있기 때문이기도 하다. 지상에 제한된 용적의 실험용 조립공간을 세우고는 외부로부터의 물자 공급 없이 1년~2년간 소수 정예요원들이 고립생존실험[167]을 시도한 바 있다. 그리고 소위 '순수한 바이오 스피어' 실험은 실패로 귀결되었다고 기록되어 있다. 다만 생태계순환과 관계없는 즉, 1년여를 버틸 물자를 미리 준비하여 폐쇄공간에서 1년을 버틴 사례는 성공한 것으로 기록되어 있다. 그러나 장거리 우주여행 시 필요할 엄청난 양의 소비물자들을 제한된 우주선 내에 축적한 채 우주로의 여정을 시작한다는 전제는 어불성설이기 때문에 일단은 실패한 실험으로 간주된다. 그러나 화성으로의 왕복여행은 적어도 1년 반 이상을 예상하여야 하므로 현재로서는 폐쇄된 공간 내 다수의 우주인들이 그 장기간 동안 외부의 물자 공급없이 생존하기는 현재 기술로는 불가능한 것으로 판단된다. 하물며 화성여행이 이 정도인데 아무리 짧아도 1세대 이상이 소요될 것으로 예상되는 성간여행은 미래에는 어떨지 모르나 장기간의 기술적 혁신이 향후 수백 년간 축적된다 하더라도 무인 AI 우주여행 정도 외에는 상상력의 대상일 뿐 상식적으로 인간의 성간여행은 불가능한 것으로 보인다.

그러므로 인류는 거주하고 있는 이 지구가 유일한 생존처임을 명심하고, 더 절박하게 환경보존과 후세들의 행복권을 고민하고 이에 대한 대책을 중단없이 고민·강구하여야 할 것으로 생각한다.

여기에서 인간의 생산력 역량과 자국 이외 다른 나라들에 대한 원조여력에 대하여 잠깐 언급하고자 한다. 즉 부유한 국가의 국민들이 수입의 극소 금액(예를 들면 소위 선진국의 척도로 흔히 언급되는 '1인당 연소득 3만 달러' 이상 국가의 국민수입 0.1%만 희사(喜捨)하는 것을 가정)만 의무적으로 원조하게 해도 많은 전쟁이나 한발 발생 지역의 인류들이 기아의 공포로부터 충분히 벗어날 수 있다라고 생각한다. 2023년 세계 전체의 GDP는 106.2조 US 달러[168] 정도인바, 전 세계인의 1년 치 소득액에 대한 0.1% 산술적 소득공제 규모는 1,050억달러 정도이다. 그리고 2024년 1톤당 밀 가격[169]은 211달러 정도로서 세계 인류의 0.1%의 소득공제만으로도 5억톤의 밀을 세계 기아지역에 원조할 수 있다라는 계산이 나온다. 여기에서 2024년도 세계 곡물소비량[170]을 보면 28억톤 정도인데, 세계인구를 80억명으로 간주한다면 1인당 1년에 평균 0.35톤[171]을 소비하는 것으로 계산되어 진다. 이어 해당 계산결과를 단순 산입하면 약 14억명의 인류가 무료 급식을 받을 수 있는 것으로 나타난다. 물론 이는 여러 가정을 거쳐 나온 단순 계산결과치이기는 하나, 각 개인에 대한 약간의 강제 내지 자발적 기부만으로도 인류 모두가 얼마든지 기아의 고통으로부터 벗어나 인간으로서 최소한의 존엄을 유지할 수 있다는 결론을 내릴 수 있다고 생각된다. 이런 기아지역에 대한 분배제도를 일종의 기본소득제 우회 도입경로로도 볼 수 있다고 생각한다. 그리고 기본

소득제는 장기적으로 반드시 도입되어야 할 경제제도로 판단되는바, 미래 생산양상이나 소유관계 및 분배체계는 로봇과 AI가 생산기초를 형성할 것으로 보이므로 일자리 보장의 한 측면으로서의 기본소득제가 기능할 여지를 긍정하게 됨을 언급하고자 한다.

Ⅷ

결론

위와같이 응용윤리학의 주요 개념으로서의 동기부여의 의미와 다양한 양상들을 주로는 역사적 사례를 통하여 조명해 보았다. 여기에 생물학적 영장류 관찰결과 등을 반영하기도 하였다. 그리하여 적절한 형태·종류의 동기부여 적용을 통한 국가 발전과 문명의 흥륭(興隆), 그리고 더 나아가 인류의 장구한 번영도 기대할 수 있다고 논고하였다. 이하 관련 내용들을 조금 더 분설하면서 본 서의 결론으로서 갈음하고자 한다.

1. 공존지향 동기부여의 필요성

본 서의 결론 중 하나로서 동기부여 중 가치가 높은 유형으로 간주하고 싶은 공존지향 동기부여가 많은 인류에 공감됨이 온당(穩當)해 보이는 이유를 먼저 언급하고자 한다. 그것은 무엇보다 지구상에서 인류가 영구 번영하기를 소망하기 때문이다.

　현재 인류의 존속을 어렵게 할 수 있는 여러 위기요인들에 대하여 고민해 보건대, 각 위기요인별로 개별적 방식의 해결책들이 제시될 수 있을 것으로 판단된다. 그러나 과학기술의 발전과 함께 다양한 위험요인들은 점차 복합·연쇄적으로 발생할 수 있어 개별적 대처방법이나 기제 등이 무력화될 우려도 있다고 생각한다. 그래서 현 시점을 전 지구적 파국을 앞둔 일종의 '유예기간'으로 간주할 수 있다면, 먼저 시급하게 효율적 기능성과 이익형량상의 균형기제 활용에 탁월한 세계 통괄기구(가칭)를 출범시키는 한편, 관련된 위기요인들을 정확하게 파악하고 이에 대한 종합적이고도 효과적인 대처방안들을 강력하게 추진하여야 할 것으로 판단된다. 아래 각 이유별로 고찰하고자 한다.

　21세기 초반 인류의 장구한 번영에 가장 위협적인 요인을 생각한다면, 우선 '지구온난화 가속화 문제' 내지는 '핵전쟁 발생' 등의 이슈 등이 떠오른다. 개인적으로는 지구온난화 가속화 문제는 과거 지구 기후변화에 대한 빙하연구를 통하여 지구가 빙하기에 돌입할 가능성이 제기된 바 있는데, 어쩌면 역설적으로 굳이 온난화 기조를 과격하게 차단할 필요가 있을지 의심이 든다. 여기에 더해 최근의 탄소배출 감소를 위한 국제적 공조노력으로 온난화 속도도 어느 정도는 감속되고 있다는 생각이 든다. 물론 해마다 지구 평균온도는 최고 신기록을 경신하는 것으로 기록되고 있지만, 중요한 것은 지수함수적 추세는 S자적 안정화에 접어들 것으로 개인적으로 예상되기 때문에 인류 생존 위협의 가장 큰 이슈로는 생각되지 않다는 의견을 언급하고자 한다. 이와 관련하여 1990년대 전 지구환경적 큰 우려를 야기시켰던 지구오존층 파괴현상에 대하여 주 원인물질로 밝혀졌던 프레온가스(염화불화탄소[172]) 생산규제 및 오존층 비파괴 대체물질을 보급하는데 세계 각국이 협조하여 지구 오존층이 다시 회복되는 좋은 사례[173]가 있음을 언급하고자 한다. 그래서 물론 그 우려는 깊지만, 지구 온난화 가속화는 조만간 반환점에 도달하여 평형상태에 놓여지기를 희망하는 한편, 조만간 10~20년 내에 그렇게 될 것으로 전망하고자 한다.

다음으로 '핵전쟁 위협' 이슈인데, 이 부분도 개인적 의견·판단이 많은 부분을 차지하기는 하나, 발발 위험도는 심각하지는 않을 것으로 보인다. 그리고 2차 세계대전 5대 전승국을 중심으로 한 국제질서가 기존 유지상태를 종전 100년을 향해 가고 있음에도 변화되지 않고 있는 기저에는 핵무기 이슈나 보유구조 및 작용기제가 기능하는 것으로 보인다. 그럼에도 어쨌든지 지구 인류가 멸망하는 핵무기 연쇄 보복공격 시나리오는 역시 그 가능성은 상존함은 인정된다고 생각한다. 그러나 느슨한 형태의 초국가 정부나 국가 간 조약 형식, 또는 권한이 현저히 강화된 UN을 통해서라도 핵무기 폐기노력은 전지구적으로 결실을 맺을 것으로 판단된다. 인도·파키스탄·이스라엘·북한 등의 핵무기 보유는 소위 '독침전략'의 일환으로서 외국공격보다는 자국방어에 더 큰 방점이 찍힌 사례들로 보여지므로 외국의 침공 위협이 사라진다고 실제 인식한다면 핵무기 폐기에 대한 동의는 어렵지 않게 이루어질 것으로 생각된다.

그런데 필자는 위 잘 알려진 이슈보다는 오히려 '각종 핵항공모함·핵잠수함 및 원자력발전소 등의 핵심부품인 원자로로부터 산출되는 핵폐기물 사후처리 및 체르노빌이나 후쿠시마 등지에서와 같은 원자력발전소 원자로 파괴사고의 미래발생 가능성' 이슈가 인류번영의 가장 큰 장애요소라고 생각한다. 그리고 이는 또한 공존지향 동기부여 기제의 주요 적용대상으로서 시급하게 인류 모두가 집중·적극적으로 해결대책을 강구하여야 할 주요 대상이라고 생각한다. 왜냐하면 고준위든 저준위든 모든 핵폐기물은 다양한 유해방사선을 장구한 기간[174]동안 방출하기 때문이다. 그 영향은 먼저 주지하다시피 인체 내·외부피폭[175]으로 인한 백혈병 등의 각종 암발병과 이에 따른 사망이나 인체쇠약을 들고 싶다. 이어 방사선은 또한 인체에 장기부전(臟器不全)이나 치아·모발의 일제 손실, 그리고 태아의 사산이나 기형아 출산 등을 야기시키는 강력한 원인임이 확인된다[176]. 그런데 이러한 문제를 해결하기위해서는 관련 이슈들(정책과제들)을 염두에 두고 우선 전 지구적 실질권한을 가진 초국가적 집행기구의 공정하면서도 합리적인 정책·시책 선정 및 강력하고도 확고한 집행노력이 필수적이라고 생각한다. 그리고 이와같은 강력한 집행기구를 구성하게 만드는 밑바탕에는 공존지향 동기부여된 인류의 동의·의결 의사가 필수적이리라 판단된다.

그리고 전지구적 존속·번영과 관련된 또 다른 주요이슈로 해양 플라스틱 폐기물이나 각종 화학독극물 등의 국제적 처리과제도 중요해 보인다. 그러나 이 문제는 위에서 좋은 사례로 언급한 프레온가스 생산중지에 대한 전 지구적 협조노력 사례보다는 문제해결에 있어서 더 높은 난이도를 보이겠지만, 실권을 가진 초국가적 집행기관의 통괄 집행을 전제하면서 공존지향 동기부여 기제를 적정 작동시킬 수 있을 것으로 생각한다. 그래도 이 이슈는 각종 핵폐기물 관리·처리 과제에 비한다면 비교적 단기간 내 성공적인 처리결과를 보여줄 수 있을 것으로 기대된다. 사실 무기력 조직 그 자체인 UN 정도의 기구에서라도 공존지향 동기부여된 각 국들에 의해 상당한 실권이 부여되는 조약이 체결될 수 있을 것으로 보이고, 또 그런 UN에서 조차도 그런대로 기능할 수 있는 공존지향 리더십이 작동된다면 지금 당장부터라도 1~2년 단기간 내 세계 해양플라스틱 폐기물의 친환경적 처리[177]라는 과제가 상당부분 해결될 수 있을 것으로 생각한다. 물론 이 때에는 인류공존을 많은 부분 가로막다시피하고 있는 야만적 제국주의 시대 소산물로서의 '국제법'은 다른 형태의 인류공존을 위한 실질적 집행·규범법으로

제정(또는 전면 재개정)되어야 할 것으로 판단된다.

2. 공존지향 동기부여 기제

기제는 영어 Mechanism을 번역한 단어로서, 어떤 체제·기능의 작동을 위한 요소 등이 유기적으로 적정 작동되는 체계 및 순서 등을 의미하는 것으로 이해된다. 여기에 본 서의 결어부분을 대신하여 인류의 공존을 지향하기 위한 동기부여 요소 등의 유기적 작동체계 및 순서 등에 대하여 언급하고자 한다.

가 「지구시민주의 의식 교육」

우선되는 기제 항목이라고 생각한다. 무엇보다 스토아학파의 세계시민주의 개념은 고대적 논리 결함과 모순성을 드러낸다고 생각된다. 그러나 공존지향성이라는 관점에서 볼 때 순수한 원형성도 보여준다고 생각한다. 그러나 향후 세계시민주의의 개념은 2,000년의 논리적 시련과 단련(특히 19세기~20세기)을 거쳐 크게 발전된 변용을 보여주고 있다고 생각한다. 그리고 서구를 제외한 세계의 지역 중 특히 유교·한자문화권 내 대동세계 개념도 위 세계시민주의적 의미가 상당부분 중첩됨도 언급하게 된다, 다만, 동서양 모두 평등성 개념은 서구의 외연적 시각에 입각한 다소의 보완이 필요해 보인다. 칸트의 이상적인 도덕적 인간상보다는 좀 더 현실적인, 그러나 대부분의 선량한 인간본성에 부합된다고 의식되는 유형의 세계시민 모형을 구체화시킬 필요성을 언급하고 싶다. 즉 세계시민 누구나 실천 가능하며, 의식 자체도 공존공영을 위하여 다소의 자유나 평등의 절충이 필요함을 입체적으로 인식하는 의식·사고·이해 체계를 세계시민주의 의식 구조 내에서 실현시켜야 한다는 의미이다. 그리고 이를 구현시키기 위한 목적의 의무적 그러나 일방적 주입식 교육이 아닌 토론과 자각을 유도하는 교육내용을 구상하여 교육시켜야 한다고 생각한다.

나 「실질적 권한을 행사할 수 있는 초국가적 세계통괄기구 구성」

다음 단계로는 긴밀하고 실질적 권한을 가진 지구적 공동체 형성으로 보인다. 고대 대제국들의 경우들을 살펴볼 때, 제왕들은 거대한 제국영역을 형성시킨 후, 의도적으로 제국의 공존·공영 지향을 국가목표 중 하나로 설정하는 한편, 제국 내 시민(신민)들의 의식을 이에 지향하도록 유도(또는 강제)하였던 경우가 많았던 것으로 이해된다. 관련 사례로서 로마제국 강성기에 논리나 개념적으로 불완전하거나 모순투성이일 수도 있지만, 세계시민주의상의 공존의식 개념이 주로는 스토아철학자들을 통하여 반복 강조되었던 사실은 우연이 아니었다고 보여진다. 그런데 로마제국과 동시대 유교·한자문화권 내 평등이나 공존의식은 스토아철학적 세계시민주의적 의식과는 개념상 상당정도 차이가 있는 것으로 보인다. 가장 눈에 띄는 것은 평등개념 부족으로 보여진다. 즉 '유교적 가치관'상 이상적 군자들의 세상에서 하급계층들에 대한 동등인식이 부족했던 것으로 보여진다는 의미이다. 그럼에도 유교·한자 문화권 국가 내에서 자신의 계층신분 및 직분을 수용한 국민들이 자국 내 사람들의 공존·공영 방향에 적극적이든 소극적이든 어느 정도 동의가 이루어져 있었을 것으로 보인다. 그리고 중요한 점은 해당권역 내 국가들은 사대교린과 국경 내 집권왕조를 중심으로 피라미드형 신분·계층 구조를 형성하여 비교적 장기간의 안정된 국가체제를 유지하였다는 사실로 보인다. 여기에서 주목할 점은 대제국이든 사대관계에 놓였던 소국이든 소속 국민들은 비록 낮은 신분이더라도 국왕의 신민으로서 그리고 국가를 구성하는 총합체로서 국가의 평화로운 존속에 대부분 이의가 없었다는 사실로 생각한다. 그래서 공존지향 동기부여라는 관점에서 일정 권역의 존재라는 조건은 필수적인 것으로 판단된다. 그렇기 때문에

'실질적인 세계 공동체 권역 형성'이라는 과제의 중요성을 강조하게 된다. 이에 대한 모델로는 EU나 UN이 있겠지만, 많은 흠결과 무기력을 야기시키는 다양한 약점들이 공동체 권역에 대한 권역 내 사람들의 인식을 공존공영과는 멀어지게 만들었다고 생각한다. 그래서 연방제국가인 미국의 연방정부와 동일하지는 않지만 향후 구성될 필요가 있는 세계통괄기구에의 상당한 권한과 통제권 부여가 필요할 것으로 판단된다. 그리고 가칭 세계연방정부(기구)를 구상·구성하는 경우 동 정부(기구) 내 입법·사법·행정부에 취임할 고위공직자들은 세계시민들이 유권자로서 참여하는 전자적 민주선거를 통하여 선출되어야 한다고 판단된다. 그래서 이에 대하여 전향적으로 고민할 필요성과 관련된 실무의제 제기 필요성을 주장하고자 한다.

다 「실행을 위한 실무역량 제고」

위와 같이 모순되고 불완전하지만 어떤 공통 방향성을 보여주는 고대 스토아학파 및 근세 계몽주의의 세계시민주의 논리와 유교·한자문화권 내 인의(仁義) 등의 덕목들에 기반한 대동세계 개념 등으로부터 세계통괄정부(기구)에 대한 개념을 추출하였다. 그리고 이러한 통괄정부(기구)에 현대의 다양한 과제해결 목적의 실질·실효적 집행권한 위임 필요성에 대하여도 개략적으로 언급하였다. 그런데 과거나 현재에도 스토아학파나 유교·한자문화권 등의 이상주의들은 실제 실현가능성과 관련한 질문에 대하여 수천년을 지내오면서도 이렇다 할 논리적 진전을 보여주지 못하고 있는 것으로 이해된다. 특히 서구의 이상주의(자들)는 현대에 다가올수록 더 현실에의 주장논리 적용방안 등과 관련하여 수긍할 수 있을 만한 기제구성 노력을 보여주지 못하고 있는 것으로 판단된다. 제국주의국가들이 자국이나 인접국가 및 식민지에서 보여줬거나, 또는 지금도 간헐적으로 보여주고 있는 참혹·야만적 행태들은 크게 바뀌지않고 있다고 생각한다. 즉 여전히 서구

중심의 야만적 제국주의 행태는 현재진행형인 것으로 판단된다. 칸트가 서구 고래의 세계시민주의 논리를 발전시켜 이상적 평화주의를 주창한 후 불과 150년 정도밖에 지나지 않아 칸트의 고향 독일 내 아우슈비츠 등지에서는 당시의 최신 과학기술이 총동원된 인종청소가 조직적으로 실행되고 있었다. 그리고 유교 · 한자문화권역 내에도 평등 및 세계공영의 논리가 기저에 애매하게 존재해 있었음을 알 수 있으나, 실제 역사에서는 신분 · 계층 · 성별 간 다양한 차별이 수천 년간 이어졌음도 쉽게 확인할 수 있다.

그러나 지금 인류는 실질적으로 세계인류 모두의 공존 · 공영이 가능해질 수 있는 과학과 기술발전의 특이점 내지는 임계점 시기에 도달 중임에 있음, 아니 어쩌면 그 시기를 이미 벗어나고 있을 수도 있음을 지적하고자 한다. 그래서 상당한 조건이 갖추어진 인류의 장구한 공존 · 공영이라는 과제를 구현하기 위하여 필자가 제시한 공존지향 동기부여 기제 중 하나인 실무역량 제고 과제에 대하여 언급하고자 한다.

경험과 이론 개념 간 가치충돌은 상시 목격되는 현상으로 보이나, 공존지향 동기부여라는 관점에서 볼 때 동서양 역사 모두에서 관찰되는 '인류 모두가 행복권을 영위하여야 한다.'라는 이상에 대한 현실로부터의 무시현상은 향후부터는 어떤 식으로든 바로 잡아야 할 것으로. 그리고 바로잡을 수 있을 것으로 생각한다. 왜냐하면 천년여 이상의 동서양 역사적 경험과 함께 20세기 양차 세계대전을 처절하게 경험한 인류는 과학기술의 현저한 성과를 이와 같은 인류행복권 실현에 활용할 수 있는 여건이 갖추어졌다고 판단되기 때문이다. 그러므로 세계통괄정부(기구)의 출범 및 가동과 동시에 전 세계인류의 최저한의 생계보장과 영구 인류공존 · 공영의 실현이 단기간 내에 가능하다고 생각한다.

그리고 인류는 이상을 실현할 현실적인 공존지향 동기부여 기제(機制

-Mechanism) 중 하나로서 현대경영학의 최신 연구성과들이 제안하는 다양한 조직관리 이론들을 단순히 기업성장이나 이익확대 만이 아닌 세계통괄기구 및 각 산하 연방국 지부에서의 통합관리 기법으로서 유익하게 활용할 수 있다고 생각한다. 그리고 현대심리학의 연구성과로서의 다양한 공존지향 수용논리들을 전 지구인(인류)이 잘 습득하고, 현실에 현명하게 잘 적용시킬 수 있도록 역시 세계통괄기구 및 각 연방국 실행조직에서 전파할 수 있을 것으로 판단된다.

마지막으로 AI(인공지능)의 적정활용 이슈에 대하여 간단히 언급하고자 한다. 무엇보다 세계통괄기구의 전 지구적 핵폐기물 처리방안이나 자원배분 등의 문제에 대하여 최적 해결방안들을 도출하는데 AI의 기능을 잘 활용할 수 있을 것으로 생각한다. 그리고 AI(인공지능)의 무분별한 악용[178]방지에 대한 법규·기준 마련도 세계통괄기구 주도로 시급히 추진할 필요성도 있을 것으로 판단됨을 부기하고자 한다.

라 「공존지향 리더십」

이어 마지막 공존지향 동기부여 기제상의 의제로서 세계통괄기구나 소속 연방국들의 공존지향 공동체를 온건하고도 확고하게 이끌 공직자들의 지도력(리더십) 역량강화 항목을 언급하고자 한다. 실질적 세계통괄기구가 어떤 형태로든 출범한다면, 관련업무 종사 공직자들(주로 선출직 책임자들이 될 것으로 생각한다)에게는 무엇보다 본 서가 제안하는 공존지향의 세계 운영 리더십 역량 구비 및 적정실행권한 부여(위임)가 필수적 순서일 것이라고 생각된다. 그리고 해당 리더들에 대한 선출절차에 대해서는 위에서 블록체인 등 IT기술을 활용한 준 직접민주주의 개념을 활용할 수 있을 것으로 생각된다.

　최종적으로 세계통괄기구나 관련 기관, 산하 연방국들에서는 이러한 리더십 양성 기능과 일반 세계시민들의 위 언급된 공존지향 의식제고 교육 등을 담당할 교육기관이나 인터넷을 활용한 관련 교육내용 전파 등에 각별한 공력(功力)을 경주(傾注)하여야 할 것으로 판단된다. 그리고 이러한 선하고도 실질적이며, 효율적인 리더십이 적극·적정 활용되어 전 세계 인류가 공존·공영이라는 과제추구에 동의 및 실행노력을 지속하게 되기를 바란다. 다시 말해 하나로 통합된 실질적 통치·통괄기구(정부)가 자유·평등·정의·생존권·행복권 등의 인류공통의 추구가치들의 실행 최적화 조건[179]을 형성하고 관련제도들을 적정 시행하여 전 인류가 지구의 공동 거주자로서 후대에까지 영구적으로 번영하게 되기를 바란다는 의미이다.

1) 폴리염화비페닐(Poly-Chlorinated biphenyls)의 약자로서 전기 절연물질로 흔히 사용된다. 이는 환경호르몬 중 대표적인 물질인데, 생체 내 농축되어 심각한 만성 독성을 나타낸다. 특히 갑상선에 영향을 미치고 간에 대한 독성을 유발하며, 사람의 성장시기, 특히 어린 시기에 노출되면 인지기능에 영향을 미칠 수 있다. PCB의 특징을 추가 언급하자면, 난분해 위험 물질로서, 강한 독성과 높은 체내 잔류성, 축적성을 보인다. 어류와 무척추동물에게 특히 유독하며, PCB가 인체에 미치는 또 다른 영향으로는 피부염, 현기증 등을 유발하고, 생식 등에 관여하는 호르몬의 정상적인 작용을 방해한다. 덧붙여 정자수 감소, 암수 특징 변환, 암 유발 물질 중의 하나로서도 지목된다.
https://www.google.com/search?q=pcb 참조

2) 다이옥신은 [폴리염화디벤조-파라-디옥신] 약어로써 영어로는 polychlorinated dibenzo-p-dioxins로 기재한다. 다이옥신의 특징으로는 화학적으로 안정되어 분해되거나 다른 물질과 쉽게 결합되지 않아 자연적으로 사라지지 않고, 물에 잘 녹지 않지만 지방에는 잘 녹아서 생물체의 지방조직에 축적된다. 쓰레기 소각장, 유기물의 연소, 산업 시설 등에서 발생한다. 다이옥신의 영향으로는 면역 독성, 신경독성, 생식과 발육 및 내분비 독성과 당뇨를 유발하며, 간과 신장을 손상시키고 혈관손상을 일으켜 심장질환이나 손발 저림과 관련된 증상을 야기시킬 수 있다. 또한 정자 수 감소, 임신율 저하, 남성호르몬 감소 및 임신 중 노출 시 기형아를 유발시킬 수 있다는 연구보고들도 다수 발표된 바 있다.
https://www.google.com/search?q=%EB%8B%A4%EC%9D%B4%EC%98%A5%EC%8B%A0 참조

3) https://en.wikipedia.org/wiki/Ethics 참조

4) 아리스토텔레스의 Virtue(영어 표기로서 국역상으로는 덕성 또는 덕목 정도로 표기될 것임)에 부합되는 의식 및 관련 행동들을 윤리성 기준으로 판단하는 윤리학파로 이해된다. 그런데 해당용어 번역시 위 아리스토텔레스의 윤리개념과 거의 유사하게 공자가 논어 중에서 '---답게' 개념을 설파했어서 덕윤리주의보다는 '직분'이라는 용어가 더 부합되는듯 하여 직분주의로 지칭하였다.

5) https://en.wikipedia.org/wiki/Henry_Sidgwick 'The Methods of Ethics' 참조

6) https://en.wikipedia.org/wiki/John_Rawls 'A Theory of Justice', 'Principles of justice' 참조
https://namu.wiki/w/존%20롤스 '4.1.2. 정의의 두 원칙' 참조

7) https://en.wikipedia.org/wiki/Motivation 'Definition, measurement, and semantic field' 참조

8) 최근 적어도 1만년 이상 전 시기에 지금의 튀르키예 영토 우르파 지역에서 해당 고대문명에 대한 고고학적 발굴이 활발히 이루어지고 있음을 언급하고자 한다. https://namu.wiki/w/괴베클리%20테페 참조

9) 이 때에는 심지어 공용어도 서로마시대의 공용어였던 라틴어가 아닌 그리스어였다. 이는 동로마제국 지도층의 그리스문명·문화에 대한 추앙의식이 반영된 결과로 보이고, 동로마제국의 수도였던 콘스탄티노플(지금의 이스탄불)의 위치도 안보상 이유가 더 컸겠지만, 일정 정도 그리스와 근접하였던 점도 영향을 주었을 것이라고 분석된다.

10) https://namu.wiki/w/아키메네스%20왕조 참조

11) https://ko.wikipedia.org/wiki/로마사_논고 참조

12) https://namu.wiki/w/국가론 참조

13) 21세기 초 인기있는 철학자 마이크 샌델도 아리스토텔레스의 덕성(Virtue) 개념을 현대윤리학의 중요 개념요소 중 하나로서 지지하는 것으로 이해된다.

14) 고대국가 로마는 존속 각 시기마다 공화정, 과두정, 왕정 등 국가 정치체체상의 변화를 보여주었다.

15) 개인적으로 관련 로마의 사례 등 분석을 통하여 근자 대한민국의 소위 '세계적 차원의 문화적 한류 득세현상'은 향후 대한민국의 세계사적 주류국가로의 '입국(立國)'을 예고하게 하는 가설적 표징 중 하나로서 판단하고 싶다.

16) https://namu.wiki/w/헬레니즘 참조

17) https://namu.wiki/w/헤브라이즘 참조

18) 종교개혁 전 로마교황청 휘하의 기독교를 의미한다.

19) 기독교 내 가톨릭, 그리스·러시아 등 동방정교회, 에티오피아 꼽트교, 그리고 개신교 내 다양한 교파마다 여러가지 형태의 최후의 심판과 관련한 교리들이 존재한다.

20) https://namu.wiki/w/로마사%20논고 참조

21) 당대 그의 위상은 사실상 영국 청교도혁명 당시 크롬웰 호국경(護國卿)에 비견되는데, 프랑스에서 결국 왕을 처형한 사람은 로베스피에르였다. 그래서 라파예트 장군에 대한 역사적 평가는 국왕 찰스1세를 처형하였던 크롬웰보다 더 높을 수 있다고 판단된다.

22) 라파예트 장군은 프랑스 시민혁명 이후 최고위 집정관으로서 시민파, 근왕파 모두로부터 추대되었던바, 이와 같은 그의 입지는 입헌군주국으로의 국가정체 형성을 시도하게 만들었다고 판단된다. 그런데 루이16세는 중립적이면서도 엄격하기까지 한 라파예트 장군에 대하여 고분고분하지 않고 고압적인 태도 등을 들어 시종일관 그를 적대시하였다. 그럼에도 라파예트야말로 루이16세의 처형이라는 비극을 가장 경계하면서 이를 예방하려 하였던 장본이었음을 역사는 기록하고 있다. 결코 의도하지 않았겠지만 루이16세의 수없는 오판들은 영국의 청교도혁명 당시 찰스1세와 마찬가지로 굳이 그럴 필요가 없었음에도 스스로 자기 목숨을 민주주의에 갖다받치게 한 원인이 되었다고 판단된다.

23) 헤겔은 나폴레옹 등장 초기에 나폴레옹을 '마상(말을 탄)의 세계정신'으로 지칭하면서 근대 계몽주의 정신을 실현하는 위대한 '영웅'으로 칭송하였다. 베토벤도 그의 3번 교향곡을 나폴레옹에게 헌정하면서 교향곡 별칭도 '영웅'으로 정하기까지 하였다. 그러나 이후 나폴레옹은 스스로 황제로 등극하면서 유럽 내 복속지역들을 자기 혈육들에게 분봉하려 시도한다. 이는 당시 계몽주의에 경도되어 있던 다수의 유럽 내 지식인들에게는 배신행위로 간주되었다. 그리고 베토벤은 이후 그의 나폴레옹에의 교향곡 헌정의사를 철회하였다고 확인된다.

24) 헤겔은 나폴레옹 등장 초기에 나폴레옹을 '마상(말을 탄)의 세계정신'으로 지칭하면서 근대 계몽주의 정신을 실현하는 위대한 '영웅'으로 칭송하였다. 베토벤도 그의 3번 교향곡을 나폴레옹에게 헌정하면서 교향곡 별칭도 '영웅'으로 정하기까지 하였다. 그러나 이후 나폴레옹은 스스로 황제로 등극하면서 유럽 내 복속지역들을 자기 혈육들에게 분봉하려 시도한다. 이는 당시 계몽주의에 경도되어 있던 다수의 유럽 내 지식인들에게는 배신행위로 간주되었다. 그리고 베토벤은 이후 그의 나폴레옹에의 교향곡 헌정의사를 철회하였다고 확인된다.

25) https://namu.wiki/w/스페인%20내전 참조

26) 이에는 알렉산드로스 대제, 로마의 스키피오 장군이나 시저, 몽골의 징키스칸을 보좌하였던 수부테이 장군, 초기의 나폴레옹 등이 꼽아진다고 생각한다.

27) 근대 유럽의 계몽사상과 프랑스 시민혁명 이후 라파예트 장군의 시범(示範)이 휴머니즘과 자유수호를 위한 행동 논리를 형성시켰고, 이후 스페인 내전에의 소규모 조직적 참전과 한국전쟁에의 국가단위 참전의 기초가 되었을 개연성을 본 서에서 논증하고 싶다.

28) UNEF 이전에 1948. 5월 경 UNTSO(UN Troop Supervision Operation)가 팔레스타인 거주지역에서 평화유지활동을 수행하기는 하였으나 일종의 감시역할을 수행했다. https://www.un.org/en/about-us/un-system 참조

29) https://www.un.org/en/about-us/history-of-the-un/1941-1950 참조

30) https://ko.wikipedia.org/wiki/유엔_안전_보장_이사회 참조

31) 베트남 전쟁만 보아도 시 한국군 참전의 경우, 한국군 국내급여보다 높은 참전수당이 지급되었고, 그 외 다양한 대가가 미국정부로부터 한국에 지원되었음은 공지의 사실일 것이다.

32) https://namu.wiki/w/십자군_전쟁 참조

33) https://namu.wiki/w/동로마_제국 참조

34) "REMOVAL IS QUIET". The New York Times. Reuters. 13 September 1974. ISSN 0362-4331. Retrieved 17 June 2021.

35) https://en.wikipedia.org/wiki/Ethiopian_Orthodox_Tewahedo_Church 참조

36) Marshall, S. L. A. (1986). Pork Chop Hill: the American fighting man in action Korea, Spring, 1953. Nashville: Battery Press. p. 164. ISBN 0-89839-090-7. OCLC 13714497.

37) Thompson, Kenneth W. (1953). "Collective Security Reexamined". American Political Science Review. 47 (3): 753–772. doi:10.2307/1952903. ISSN 1537-5943. JSTOR 1952903. The rock bottom principle upon which collective security is founded provides that an attack on any one state will be regarded as an attack on all states. It finds its measure in the simple doctrine of one for all and all for one.

38) - Macmillan., Palgrave (2015). Global politics. Palgrave Macmillan. ISBN 9781137349262. OCLC 979008143.
- Decker, Jon (30 June 2022). "Biden at NATO Summit: 'An attack on one is an attack on all'". GrayDC. Retrieved 2023-04-05.

39) https://ko.wikipedia.org/wiki/용병 '라이슬로이퍼' 참조

40) 헝가리 출신 후사르 기병대는 정식 소속국가 정식군제에 편입된 모병조직으로 볼 수 있으나, 자신들의 출신 정체성과 군제단위상의 독립성을 존속기간 내내 유지했다는 점에서 유럽 역사상의 용병의 한 사례로 간주하고자 한다.(https://ko.wikipedia.org/wiki/후사르)

41) 미국이나 영국에는 사병들의 장교 발탁 및 위대한 지휘관으로의 입신사례들과 현재에도 운용중인 사병의 장교임관 경로가 GTG(간부사관) 등 다양하다. 한국의 일반 사병의 장군으로의 입신사례는 '나무위키 사병출신장성(r250판)'을 참조하기 바람

42) 2차 세계대전 당시 미군 공식 사망자수는 480,000명이었고, 이 중 특히 유럽전선의 사망자수는 약 200,000명으로 집계된다.
- O'Brien, Prof. Joseph V. "World War II: Combatants and Casualties (1937–1945)". 《Obee's History Page》. John Jay College of Criminal Justice.

43) 고용노동부 홈페이지 > 정책자료 > 정책자료실 > [번호 4110] 2022년 산업재해 현황분석 책자
https://www.moel.go.kr/policy/policydata/view.do?bbs_seq=20231201612 P74

44) https://namu.wiki/w/장_칼뱅 참조

45) https://namu.wiki/w/면죄부/명칭_논란
https://www.hani.co.kr/arti/opinion/column/540992.html '[조한욱의 서양사람] 면죄부보다 면벌부'참조

46) https://koya-culture.com/news/article.html?no=129826 '토인비가 칭찬한 한국의 효(孝)란?'
- 입신양명에 매몰된 유교적 가치관이 한국을 병들게 해[이동식의 솔바람과 송순주 94]

47) https://namu.wiki/w/옹정제 참조

48) https://namu.wiki/w/예정설 참조

49) 구원의 예정과 신의 관대한 시혜를 통합하여 원래의 구원 예정경로로부터 벗어나 신의 은총과 자비라는 측면에서 인간과 신과의 실존적 병존성을 신이 허락한다는 교리가 인간을 사랑하는 신의 정의에 더 부합된다라는 신학적 입장으로 이해된다. 이는 상대성이론이라는 경직된 우주관에 등장하는 웜홀 개념에도 대비될 수도 있다고 이해되어 진다. 한편 현대물리학의 일부 유력파는 양자역학적 우주론의 특이성으로서 중력을 위시한 관찰가능한 우주(현상)를 포섭하여 통일적으로 설명하려 한다고 이해된다.

50) 신약성서 마태복음 25장 14절

51) 신약성서 마태복음 19장 23~30절

52) 사실 이 신앙고백은 종교박해 시 순교 맹세(약속)를 의미하기도 하였으므로 쉽게 결행할만 한 행위는 아니었을 것으로 생각된다.

53) https://namu.wiki/프로테스탄티즘의_윤리와_자본주의_정신 본문 참조

54) https://namu.wiki/프로테스탄티즘의_윤리와_자본주의_정신 본문 내 각주 17 참조

55) https://ko.wikipedia.org/wiki/프로테스탄트_윤리와_자본주의_정신 참조

56) https://namu.wiki/프로테스탄티즘의_윤리와_자본주의_정신 각주 35~38 참조

57) https://namu.wiki/w/베스트팔렌 조약 참조

58) https://namu.wiki/w/계몽주의 참조

59) '대제' 칭호는 후세 프로이센만이 아닌 유럽 각국의 사학자들이 18~19세기를 거치면서 이를 인정한 바, 7년 전쟁 당시 적대국이었던 오스트리아나 프랑스의 집권 군주들이야 이를 인정하지 않았지만, 7년 전쟁 후 오스트리아의 황태자 요제프가 프리트리히 대제를 예방하였을 당시 그가 보여준 노골적인 존경심과 경외심이 배여난 행동들은 당시 프리트리히 대제에 대한 유럽 진보지식인 계층이나 이들을 지지하는 진보성향의 민중만이 아닌 많은 귀족들의 존경심도 대신 보여준 사안 중 하나로 이해된다. 당시 황태자의 행동은 그의 모친이자 프리트대제와 전쟁을 치른 당사자였던 오스트리아의 여제 마리아 테레지아를 경악하게 하였다고 기록되어져 있다.

60) https://namu.wiki/w/존_로크 참조

61) https://ko.wikipedia.org/wiki/존_로크 참조

62) https://ko.wikipedia.org/wiki/몽테스키외 참조

63) https://ko.wikipedia.org/wiki/자코뱅파 참조

64) 장자크 루소 저, 박호성 역, 사회계약론 외, 책세상, 2015 -루소 전집 중 제8권

65) 구소련이나 중국의 예를 보면 인민의 총의에 의한 직접통치보다는 소수 정치국원들의 과두독재 내지는 아예 대놓고 1인 독재가 행해졌음을 확인할 수 있다.

66) https://upload.wikimedia.org/wikipedia/commons/9/9f/Der_K%C3%B6nig_%C3%BCberall2.JPG ; Open in Media Viewer

67) https://ko.wikipedia.org/wiki/국부론 참조

68) https://en.wikipedia.org/wiki/Laissez-faire 참조

69) https://en.wikipedia.org/wiki/Queen_Victoria 참조

70) 원래 해적이었던 프란시스 드레이크는 스페인 무적함대 격파 당시 영국해군 부사령관이었다. 물론 당시 해적과 개인 무역상은 종종 혼동된 개념으로 사용된 것이 사실이었다고도 알려져 있기는 하다. 그리고 스페인 함대 격파 이후 그는 엘리자베스1세로부터 기사작위가 제수(除授)되었고, 선출직은 아니었지만 엘리자베스1세 당대 4차 및 5차 의회 소집시기에 영국 국회의원으로서 입법활동 등을 수행하였다고 기록되어져 있다. 그리고 그는 지금도 그 상흔을 인류사에 드리우고 있는 아프리카인 대상 노예사냥 및 아메리카 대륙 등지로의 노예무역을 사실상 최초로 시도한 인물로도 알려져 있다. https://en.wikipedia.org/wiki/Francis_Drake 참조

71) Pax는 라틴어로서 평화를 의미한다. 그 용례는 'Pax Romana'를 들 수 있는데, 의미는 로마제국 전성기 때 '로마에 의한 평화'라는 의미로서 로마제국의 절대지배력을 강조한 어구이다. 이후 강력한 국가의 절대적 지배력을 지칭할 때는 이와 같이 'Pax'라는 라틴어 단어에 당대 지배국가의 국명을 붙여 해당 시기의 최대강국을 기리기는 관행이 역사가들 사이에 정착되었다고 이해된다.

72) https://ko.wikipedia.org/wiki/밈 참조

73) 논어 제12편 '안연'장 참조

74) https://ko.wikipedia.org/wiki/양명학 참조

75) https://dh.aks.ac.kr/sillokwiki/index.php/양지 참조하기 바라며, 일단 '숙고하지 않아도 선천적으로 아는 작용'으로 해석된다. 이 부분 서양 칸트가 제시한 철학개념상의 '선험성(아프리오리 - a priori)' 개념과도 유사되는 것으로 이해된다.

76) 필자는 명치유신 전후한 일본국민들이 이에 주로 해당된다고 보여지고, 우리나라는 5.16 군사정변 이후부터 영향을 받았다고 생각한다. 현대그룹 정주영 등의 기업인들에 대한 칭송이 이때부터 시작된 점을 보면 일부 수긍 가능할 것으로 판단된다.

77) '중국사에서 근세를 어떻게 파악할 것인가' 홍성화 '역사교육' 2024.vol.,no 171, pp 375~417 역사교육연구회
https://namu.wiki/w/중국/경제 참조

78) https://namu.wiki/w/장평대전 참조

79) https://en.wikipedia.org/wiki/Chimp_Empire 참조

80) 청나라 건륭제는 강희제의 손자로서 그가 편찬을 명령하였던 '흠정만주역사고' 등에서 청나라의 연원(淵源)을 만주족과 함께 한반도의 신라인들로 간주하였다. 청나라 왕족들은 자신들이 신라왕족의 후예로서 성씨도 '金'씨임을 강조하였다.

81) https://namu.wiki/w/오를레앙_공작_필리프_2세 참조

82) 아이신줘러는 청왕조의 성으로서 만주어로 금(金)을 뜻한다. 청왕조는 신라왕실의 후예임을 공공연하게 밝히고 있음은 주지의 사실이다. 그래서 건륭제의 제위전 이름은 한자로 '愛新覺羅弘曆(애신각라홍력) 또는 金弘曆(김홍력)'으로 표기되었다.

83) 군주 사망시 왕위계승자를 기명한 선왕의 친필서명 유서

84) namu.wiki/w/삼국지연의 등 참조

85) https://ko.wikipedia.org/wiki/%EC%82%AC%EB%A7%88%EC%9D%98

86) https://namu.wiki/w/조모(삼국지) 참조

87) https://namu.wiki/w/참주 참조

88) https://ja.wikipedia.org/wi/神道 참조

89) '받치다'·'헌납하다'라는 의미임

90) https://namu.wiki/w/토템 참조

91) https://namu.wiki/w/신토 참조

92) https://namu.wiki/w/불교 참조

93) https://namu.wiki/w/구카이 참조

94) https://ko.wikipedia.org/wiki/와_사상 참조

95) https://namu.wiki/w/우파니샤드 '5. 힌두교, 불교와의 관계' 참조

96) https://www.ibulgyo.com/news/articleView.html?idxno=22741 '인도불교 쇠퇴의 원인' 입력 2003.03.22. 02:03 불교신문 참조

97) https://www.beopbo.com/news/articleView.html?idxno=60322 '인도불교 멸망 원인규명 호사카 슌지 교수' 법보신문 2011.10.27. 18:22 참조

98) https://ko.wikipedia.org/wiki/신불습합 참조

99) https://ko.wikipedia.org/wiki/폐불훼석 참조

100) 《특명전권대사 미구회람실기》(米歐回覽實記), 구메 구니다케 지음(성애영 , 방광석 , 박삼헌 옮김), 소명출판, 2011.12.15, ISBN 10-8956266344

101) · Gerald Leinwand (1986). 〈Chapter 14 The French Revolution and Napoleon: A Close Look at a Revolution〉. 《The Pageant of World History》. Allyn & Bacon. 320쪽. ISBN 978-0-205-08680-1. The form of government and the way society was organized before the French Revolution is described as the Old Regime. Goverment and society under the Old Regime had many features that had not changed since feudal days.... Perhaps the most outstanding feature of the Old Regime was that the monarch still had absolute power.
· 박남일 <청소년을 위한 혁명의 세계사> 서해문집 2006.10.10, p167
· 〈앙시앵레짐〉·《글로벌 세계 대백과사전》·도서출판 범한· 2004. Ancienrgime 프랑스대혁명 전의 프랑스에서 왕족 · 귀족 · 성직자 등의 지배계층이 농민과 상공업자들에게 많은 부담을 주면서 당시 유행하고 서망되던 '계몽주의'에 의한 국정쇄신(개혁)을 묵살하던 정치체제(상황)을 의미한다.

102) 일본 헤이안 시대 이래 몇차례의 막부정권 집권기 및 전국시대 역사상황을 의미한다.

103) https://ko.wikipedia.org/wiki/겐로쿠_문화
https://ja.wikipedia.org/wiki/元禄文化 등 참조

104) https://namu.wiki/w/우키요에 5장 등 참조

105) https://store.kyobobook.co.kr/person/detail/2000847901 참조

106) https://ko.wikipedia.org/wiki/2차_세계_대전_기간의_인명_손실

107) https://namu.wiki/w/한나_아렌트 3.2 악의 평범성 참조

108) https://namu.wiki/w/스탈린그라드_전투 참조

109) https://namu.wiki/w/쿠르스크_전투 참조

110) 이 부분 일본의 그것과 유사하게 전투기 공군전에서 많은 조종사들을 잃은 후부터 연합군의 강력하고도 지속적인 공중폭격에 시달리기 시작했고, 항복 전에는 폭격기를 요격할 전투기 조종사가 부재하여 거의 무차별적인 폭격에 군수공장이나 민간인들이 심각한 피해를 보게되었다. 이 부분 미군의 일본 본토에 대한 B-29 폭격기의 무차별적인 폭격공세시 이를 요격할 전투기나 조종사의 부재로 속수무책 국토를 유린당한 사례와 유사하다고 판단된다.

111) https://namu.wiki/w/임팔_전투 참조

112) https://namu.wiki/w/일본20%본토_공습 참조

113) https://namu.wiki/w/히로시마·나가사키20%원자폭탄20%투하 참조

114) https://namu.wiki/w/메스암페타민 참조

115) https://www.yna.co.kr/view/AKR20221230063500005 '국민마약부터 히틀러의 중독까지---마약으로 얼룩진 나치 독일' 김예나, 2022.12.30. 연합뉴스 참조

116) https://www.asiae.co.kr/article/2019052814320517335 '히로뽕, 원래 야간행군 때 먹던 각성제?' 이현우, 2019.8.13. 아시아경제 참조

117) https://ko.wikipedia.org/wiki/%EC%95%8C%EB%A0%89%EC%82%B0%EB%93%9C%EB%A1%9C%EC%8A%A4_%EB%8C%80%EC%99%95

118) https://namu.wiki/w/임팔_전투 참고

119) https://namu.wiki/w/카미카제 참고

120) 미국 역사에서 트럼프 대통령과 성향이 비슷한 인물이라면 집권기 내내 국민들을 정신없게 만들었던 제7대 대통령 앤드류 잭슨이나 사냥을 즐겼던 제26대 대통령 시어도어 루즈벨트를 들 수 있을 것으로 보인다.

121) https://en.wikipedia.org/wiki/Garbage_in,_garbage_out 참조

122) https://ko.wikipedia.org/wiki/열역학_제2법칙 참조

123) https://namu.wiki/w/블록체인 참조

124) https://ko.wikipedia.org/wiki/숙의_민주주의 참조

125) Ross, Carne (2011). Chapter 3, Fishkin, James (2011). Chapter 5.

126) 판사 정년은 과감하게 80세로 연장하고, 청렴도 유지를 위하여 다양한 탄핵·면직제도를 고려하여야 한다고 생각한다. 사실 한국 사법부에 대한 국민적 실망감은 도를 넘었다고 판단된다. 과감한 제도개혁이 소망스럽다고 생각한다.

127) 삼국시대 최초로 고구려에 불교가 전파된 때는 소수림왕 2년, 서기 372년이었다. https://namu.wiki/w/불교 참조

128) https://namu.wiki/w/대승_불교 참조

129) https://namu.wiki/w/천주교정의구현전국사제단 참조

130) https://ko.wikipedia.org/wiki/곰베_침팬지_전쟁
https://www.hani.co.kr/arti/international_general/427152. '침팬지도 인류처럼 집단전쟁', 2010-06-23 19:22 참조
https://www.livescience.com/animals/land-mammals/hostilities-began-in-an-extremely-violent-way-how-chimp-wars-taught-us-murder-and-cruelty-arent-just-human-traits By Jessica Serra published May 8, 2024 참조

131) 이 부분 숫사자들의 형제간 연합체(coaltion)가 대규모 영역을 구축한 뒤 일종의 군대를 형성하여 타 숫사자 연합체를 공격하였고, 심지어는 동족 살육까지도 서슴지 않았던 사례

에 대한 연구보고도 있기는 하다.(https://namu.wiki/w/마포호_연합 참조) 그러나 침 팬지의 타무리에 대한 동족살육은 무리 내 암컷들도 합세하는 총력전 양상도 간헐적으로 보여주어 숫사자들의 동족 간 살육과는 다소간 개념상의 차이가 있는 것으로 보인다.

132) 해당 신호 전달체계에 대하여는 미래 놀라운 소통체계 연구가 발표될 수도 있을 것으로도 보여진다. 그러나 만족스럽지는 않으나 관찰기록 및 촬영된 동영상 등을 살펴보건대 무리 내 개체 상호 간의 미세한 '몸짓'과 '눈치', '성조(聲調)' 등의 조합으로 의사소통하는 것으로 보인다.

133) https://www.bbc.com/news/world-africa-35370374 'Ancient 'massacre' unearthed near Lake Turkana, Kenya', 2016.1.16. BBC News
https://www.nbcnews.com/sciencemain 'Shocking new theory: Humans hunted, ate Neanderthals', Larry O'Hanlon, 2013. 5. 13. NBC News
https://en.wikipedia.org/wiki/Cannibalism_in_Europe Prehistory 참조

134) 중국 국공내전에 참전하였던 조선 8로군 출신의 방호산 지휘 군단이 한국전쟁 당시 점령 지에서 가장 잔학하게 양민들을 학살하였다고 기록되어져 있다.

135) 한국민족문화대백과사전 '대동세계' https://encykorea.aks.ac.kr/Article/E0014260 참조

136) 한국민족문화대백과사전 '사단칠정(四端七情)'https://encykorea.aks.ac.kr/Article/ E0025438 참조

137) '세계시민주의 전통 고귀하지만 결함있는 이상' 마사 C. 누스바움, 강동혁 역, 뿌리와 이 파리, 2020
https://ko.wikipedia.org/wiki/세계시민주의 참조

138) 스토아학파는 전 세계가 하나의 커다란 도시라는 생각을 가지고, 인간은 이 도시의 충성 스러운 시민으로서 덕과 올바른 행위에 대한 믿음을 가지고 직업과 공공적 역할 등에 적 극적이어야 할 의무가 있다고 주장하였다. 여기에서 큰 도시국가는 로마제국을 의미하고, 로마제국 시민의 의무가 나열되어 있어 세계(로마)시민으로 인정받기에는 많은 난관이 존재함을 알 수 있다.
https://namu.wiki/w/스토아_학파 참조

139) '정치철학' 데이비드 밀러, 이신형 역, 교유서가 2022 p213~p215

140) 선불교의 참선은 화두를 가지고 '참나(아트만-atman)'를 의식하고 확인하는 한편, 업(카르마-karma)에서 벗어나려 노력하는 상태로 정의할 수 있을 것인바, 구두선은 진지한 참선의 자세가 아닌 말만인 거짓수도 행태를 의미한다.

141) https://ko.wikipedia.org/wiki/파레토_최적 참조

142) https://namu.wiki/w/표해록 참조

143) '세계시민주의 전통 고귀하지만 결함있는 이상' 마사 C. 누스바움, 강동혁 역, 뿌리와 이파리, 2020 p22~p24, p268~275

144) https://namu.wiki/w/마르크스주의 참조

145) https://namu.wiki/w/계몽주의 참조

146) https://namu.wiki/w/자유론 참조

147) https://ko.wikipedia.org/wiki/중소국경분쟁 협상 참조
https://namu.wiki/w/중국-소련_국경분쟁 4.1 미중접촉과 중소의 계속된 대립 참조

148) 순수하게 공산사회주의 열정을 가진 채 여러 유형으로 희생된 사림들에 대한 평가가 쉽지는 않을 것이나, 많은 수는 인간의 '광기나 비이성적 원시적 본능 및 체제의 무자비한 독재' 등으로부터 기인된 피해 형태로부터 크게는 벗어나지 않았을 것으로 보여진다.

149) '당신이 모르는 민주주의' 마이클 샌델, 이경식 역, 와이즈베리, 2023, 제7장 무엇이 잘못되었는가 p319~p390 참조

150) https://namu.wiki/w/지속가능발전 참조

151) https://namu.wiki/w/친족_선택 참조

152) rB>C 따라서 rB-C>0 이고 0 > -rB+C 이다.(r:근친도(genetic relatednesss) , B: 도움을 받는 친족(이익=직접 적합도) , C:도움을 주는 친족(기회비용=간접 적합도) , 0: 종족번식 가능성)
https://namu.wiki/w/포괄_적합도 참조

153) 리차드 도킨스와 스티븐 제이 굴드의 단속평형설 등이 알려져 있다.
https://namu.wiki/w/스티븐_제이_굴드 https://namu.wiki/w/진화생물학 등 참조

154) '20세기를 움직인 사상가들' 기 소르망, 강위석 역, 한국경제신문, 1990년 p111~p124

155) 화석적 증거를 바탕으로 생물종의 시대적 변이를 연구하는 진화론의 학문적 타당성을 부인하는 것이 아니다. 다만 이를 해석하는 다양한 방향(시각) 중 어떤 이론방향의 제시 시기가 제국주의적 야만행태들이 극성일 때와 동일시기였던 것으로 보이기 때문이다. 침략국, 도발국으로서의 강국이 자연으로부터 당연한 권리를 수여받았음을 암시하는 오해 내지는 확신을 고의든 그렇지 않든 야기시켰던 것은 사실로 보인다. 물론 지금도 이를 지지하거나 동조하는 학자나 일반인들이 특히 서구권역에 상당수 존재할 것으로 판단되나, 그럼에도 노골적인 '약육강식' 논리는 화석적 증거와 상치될 수 있음을 언급하고자 한다.

156) 구 소련 및 관련체제 국가들 붕괴 후 무시해도 좋은 소규모 북한이나 쿠바 등 국가들을 제외한 현존 공산사회주의 체제국가들, 예를 들면 중국이나 베트남에서는 원래 공산사회주의적 체제구성 이론과는 모순되게 개인의 사유재산권을 제한적일지라도 상당비율 이상 인정하여 체제가 존속되고 있는 것으로 판단된다. 그러나 덧붙여서 해당 국가들의 체제붕괴 위험성은 체제 자체논리와 응용 경제논리의 모순으로 인해 상존하는 것으로 보여진다. 그러므로 '소유권' 인정과 이를 위한 '공정한 기준 준수' 기조(基調)는 인류 번영의 중요한 근간원리일 것으로 판단된다.

157) 미국의 영장류학자 사라 브로스넌의 카푸친원숭이를 대상으로 한 '오이와 포도'실험 등을 비롯한 영장류 대상 관찰실험들로부터 소유권(먹이요구 주장권)과 공정성의 상관관계가 확인될 수 있을 것으로 이해된다.
https://www.khan.co.kr/article/202202170300015 관련기사 참조

158) https://en.wikipedia.org/wiki/Coase_theorem 참조

159) 해당 판례 United States v. Carroll Towing Co., 159 F.2d 169 (2d. Cir. 1947)
위 판례는 뉴욕항에서 밀가루 선적 바지선을 침몰시킨 어느 화물선주의 불법행위 여부 항소사건에 대한 1947년 판결내용이다. 관할 미국 연방항소법원의 러니드 핸드판사는 간단한 피고 · 원고 간 합의공식을 활용하면서 피고의 과실에 의한 불법행위를 인용하였다. 이 판례의 시사(示唆) 요지는 불법행위 분쟁 시에도 법원제소 등의 거래비용 발생을 염두에 두고 당사자 간에 분쟁화해(거래) 조건을 마련하여 합의를 시도하는 것이 합리적이다라는 의미로 이해된다.
https://en.wikipedia.org/wiki/United_States_v._Carroll_Towing_Co. 참조

160) 우리나라(주로 조선), 중국, 일본, 베트남 각국의 상당수 해난 표류기와 또 각국 사서마다에서 관련 내용들을 확인할 수 있다.

161) https://namu.wiki/w/자유론 참조

162) https://en.wikipedia.org/wiki/Cicero 참조

163) https://en.wikipedia.org/wiki/De_Officiis 참조

164) 마사 누스바움의 전게서(前揭書) '세계시민주의의 전통/고귀하지만 결함 있는 전통' 참조

165) 1986년 구 소련 체르노빌이나 2011년 일본 후쿠시마현에서 발생한 원자력 발전소 사고 등의 전 지구적으로 환경재앙을 야기시킨 사례들을 들 수 있다고 판단된다.

166) https://namu.wiki/w/무중력 '6. 겪는다면?' 참조

167) https://namu.wiki/w/바이오스피어_2 2.2 실험결과, 5. 그 뒤의 비오스피어 내용 참조

168) Data Commons https://datacommons.org/place/Earth?utm_medium 참조

169) https://www.krei.re.kr/grain/page/242 참조

170) '세계곡물시장동향', 한국농총경제연구원, 2024년 제13권 제1호, p5

171) 여기에 언급된 곡물이라 함은 쌀, 밀, 감자, 보리, 고구마, 카사바, 조, 기장, 수수 등 주식으로서의 곡식 만이 아니라 과당시럽 등의 제조를 위한 옥수수(주식으로도 소비되나, 대부분은 과당 제조와 숙산 사료로 활용되는 것으로 확인된다)라든지 알콜제조 원료 및 각종 축산사료 등이 모두 포함된 식물 결실(植物 結實)들의 총량을 의미한다.

172) https://namu.wiki/w/염화_플루오린화_탄소
https://www.dongascience.com/news.php?idx=70398 '전 세계 노력으로 치유되는 오존층', 2025.03.06 기사 참조

173) 이 사례를 통하여 일종의 '공존지향 동기부여를 통한 국제적 환경위기 극복'이 확인되었던 것으로 보여진다.

174) 예를 들어 원자력발전소 사고 시 가장 먼저 대기·해양·토양을 오염시키는 세슘과 스트론튬의 반감기는 30년으로 상당시간(1~2세대 이상)이 지나야 그 유독성 감소를 기대할 수 있다. 그런데 가장 유독하다고 볼 수 있는 플루토늄의 반감기는 24,300년이다. 이는 인류의 문명 형성기간보다도 길다. 따라서 인간이 원자력을 손에 넣었을 때부터 매우 보수적이고도 세심하게 그야말로 '안전한' 사용법을 고민했었어야 했다고 생각한다, 그러나

실상은 그렇지 못했음이 지금도 계속 드러나고 있다고 생각한다. 그러므로 인류는 장구한 미래세대까지 포함하여 안전한 원자력 사용법에 대한 대책·방법 등을 끊임없이 고민하고 연구하여야 할 숙명이 주어져 있다고 생각한다.
한국원자력환경공단 https://www.korad.or.kr/webzine/202112/sub2-4.jsp 참조

175) 주로는 방사능에 오염된 음식물을 섭취한 결과 뼈와 같은 인체 내부장기에 자리잡고는 이후 장기간 배출되지 않고 축적되어 방사선 피폭이 지속되는 상황을 의미한다.

176) https://namu.wiki/w/방사선_피폭 참조

177) 미세플라스틱 문제도 동시에 상당부분 해결될 것으로 보이나, 해양 내 완전한 제거까지에는 장기간이 소요될 것으로 판단된다. 그럼에도 사실상 손 놓고 있는 지금보다야는 훨씬 희망적일 것임은 분명해 보인다.

178) 가장 우려되는 악용 예로는 전투용 무인기, 전투로봇, 무인 전투함 등이 자체판단으로 적을 공격하는 상황으로서 이미 현실화 단계에 와 있는 것으로 보인다. 시급히 국제공조 하에 금지기준을 설정하고 엄격히 통제될 필요가 있다고 생각한다. 그러나 세계통괄기구(정부)가 없는 마당에 실효성 있는 제한이 가능할지 의문이다.

179) 자유와 평등의 극단적 추구로 인한 이상과 현실의 분리를 지양하고, 합리적 차등원리 등을 적극 수용한 최적규범 선택과 이의 실행을 먼저 전제한다. 그리고 이어 경제적 자원의 합리적 배분을 통한 소유권 보장 및 원조·기부 등의 적정방안 실행 등으로 경제 성과(成果)의 소비를 공존지향적으로 관리하게 됨을 의미한다고 판단된다.